やさしい おとなの敬語言い換え辞典

Gakken

『やさしい
おとなの敬語言い換え辞典』
制作協力者

【装幀】
高品吹夕子
【校正】
倉本　有加
松尾　美穂
【組版】
株式会社　明昌堂
【企画編集】
鈴木かおり
田沢あかね

まえがき

「このことば、敬語にすると何て言う?」

この辞典は、そんな疑問にお答えします。

敬語は古来、ことばを用いる人の、相手や周囲の人やその場の状況についての気持ちを表現する言語表現として重要な役割を果たしてきたとされます。確かな人間関係を築き、円滑なコミュニケーションを行うためにも敬語は欠かせません。

しかし、正しい敬語を使うことが難しいと感じる方も多いのではないでしょうか。敬語にはさまざまな表現があり、ふだん使っていることばを敬語に言い換えることが一筋縄ではいかないこともあることでしょう。そこで編集部では、「このことばを敬語にすると何と言うのか」というシンプルな問いをすぐに解決できる、思いついたことばから敬語が引ける敬語辞典を企画しました。話していて敬語がうまく使えなかったときや、文章でことばが浮かんでこなかったときなど、気軽にこの辞典で言い換え語を探してみてください。

本書をお手元に置くことで、さまざまな場面で適切なことばを選ぶことができ、心地よいコミュニケーションを実現するための一助となることを願ってやみません。

令和七年四月　学研辞典編集部

目次

この辞典の使い方

1. この辞典の方針

・日常生活でよく使われる語（以下、「ニュートラルな語」と呼ぶ）およそ750語を選び、その敬語を示した。その中で、特に使用頻度の高い30語を重要語として示した。

・敬語からも引けるように、敬語およそ450語も示した。

・配列は五十音順とした。同音の語が並ぶときは、ニュートラルな語→敬語の順、同じ種類の見出しであれば、漢字表記の1字目の画数が少ない順とした。

・丁寧語の扱いについては諸説あるが、本辞典では「です」「ます」「ございます」を基本の丁寧語とした。

・多義語は、敬語に関連のある語義のみを扱った。

・敬語の使い方を示すために可能な限り例を付し、注意事項や補足は参考にまとめた。

2. 見出し語

・ニュートラルな語は黒で示し、尊 謙として言い換えの敬語およびその用例を示した。動詞の言い換えは敬意の軽い順、名詞の言い換えは五十音順に並べることを原則とした。

・見出し語が使用される場面を想定して、命令・依頼 不可能 禁止などの変化形を適宜示した。

・敬語は赤で示し、尊敬語は尊、謙譲語は謙、丁寧語は丁、その他の敬語に準ずる語（改まり語・クッション語・美化語・挨拶語など）は他を付した。

・見出しのあとに、その敬語の意味（2つ以上ある場合は①②…で区分）および用例を示した。

3. 参考情報

・別の見出し語への参照、関連のある見出し語への参照は、適宜（↓ページ数）の形で示した。

・見出し語の敬語への言い換えや使い方に関する注意事項や補足は参考にまとめて示した。

・よく見られる敬語の誤用例及び正しい使い方の例と参考情

報をNGにまとめて示した。
・重要語では、見出し語を敬語に言い換えた会話の例と参考情報をPointにまとめて示した。

4. 記号一覧

尊……尊敬語または尊敬表現
謙……謙譲語または謙譲表現
丁……丁寧語
他……その他の敬語に準ずる語（改まり語・クッション語・美化語・挨拶語など）
例……敬語の用例
参考……敬語の意味や使い方の注意など
NG……敬語の誤用例及び正しい使い方の例
Point……重要語を敬語に言い換えた会話の例と参考情報

敬語のまとめ

1. 敬語のはたらき

● 相手に敬意を表す

だれかとコミュニケーションをとるときなどに、聞き手や話題にのぼっている人に敬意を表すことばを「敬語」と呼ぶ。

● 相手と適度な距離を保つ

初対面の相手やビジネス上のつきあいなど、それほど親しくない相手には敬語を用い、家族や友人などごく親しい相手には敬語を使わずに話す。つまり、敬語を多く使えば使うほど相手との距離は広がり、逆に敬語をへらせば距離は縮まる。このように、敬語には他者との距離を保つはたらきがある。

● 使う人の品位を表す

相手の立場を尊重した適切な敬語を使うことで、自分の品位を保つことができる。また、場所や状況に合わせて敬語を使えるようにしておくことは、社会人としてのたしなみでもある。

● 敬語は社会の公用語

敬語にはいくつかの決まった型があり、それらを用いることで、相手に敬意を表したり適度な距離を保ったりすることができる。つまり敬語は円滑なコミュニケーションのための手段であり、社会の公用語である。

2. 敬語の種類

● 尊敬語《そんけいご》

相手を高める語。相手の動作（㊀食べる）を尊敬語（㊀召し上がる）に置き換えて、相手に対する敬意を表す。

● 謙譲語《けんじょうご》

自分を低める語。自分の動作（㊀食べる）を謙譲語（㊀いただく）に置き換えて、相手に対する敬意を表す。

● 丁寧語《ていねいご》

その場にいる聞き手に対して敬意を表す語。本辞典では「です」「ます」「ございます」を基本の丁寧語とする。

● その他の敬語に準ずる語

いろいろな場面で、コミュニケーションを円滑にする役割を持つ語。改まり語、クッション語、美化語、挨拶語など。

3. 敬語の使い方

●だれにどの敬語を使うか

＊相手と相手側の行為には、尊敬語を使う。

＊自分と自分側の行為には、謙譲語を使う。

＊上司や先輩の行為には、社内では尊敬語、社外では謙譲語を使うことが大原則。

●動詞を敬語にする

＊動詞を敬語にするには「言い換え型」と「付け足し型」の2種類の方法がある。言い換え型がある場合は、付け足し型にするよりも言い換え型を使う方がスマート。

＊普通の動詞（例食べる）が特定の語（例召し上がる・いただく）に言い換えられる場合を「言い換え型」と呼ぶ。基本的な動詞は、言い換え型を用いることが多い。また、ひとつの動詞に対し、言い換えの敬語が複数ある場合もある。

＊ふつうの動詞（例話す）に、「お（ご）～になる」「お（ご）～する」などをつける場合（例お話しになる・お話しする）を「付け足し型」と呼ぶ。

●名詞を敬語にする

＊名詞を敬語にするには、多く、接頭語・接尾語を付ける。

＊名詞の前に、接頭語「お（ご）・貴・弊」などを付ける。

例お手紙・ご家族・貴社・弊社など

＊名詞の後に、接尾語（上・様など）を付ける。例父上・加藤様など

4. 尊敬語を使う

●代表的な言い換え型

＊いる→いらっしゃる

＊する→される／なさる

＊言う→おっしゃる

＊食べる→召し上がる

＊行く／来る→いらっしゃる→おいでになる

＊見る→ご覧になる

＊知っている→ご存じだ

●代表的な付け足し型

＊～れる（られる）／～される

～には動詞の未然形が入る。「～する」の尊敬表現。敬意は軽い。㊎書かれる・話される

＊お（ご）～になる

～には動詞の連用形が入る。「～する」の尊敬表現。使われることの多い形。㊎お書きになる・お話しになる

＊お（ご）～なさる

～には動詞の連用形が入る。「～する」の尊敬表現。敬意は高い。㊎お書きなさる・お話しなさる

＊お（ご）～くださる

～には動詞の連用形が入る。「～してくれる」の尊敬表現。敬意は非常に高い。㊎お書きくださる・お話しくださる

●接頭語と接尾語

＊接頭語（お（ご）―・貴―・尊―）

相手や相手の側の人、物事、行為や状態などについて、尊敬を表す。多く、和語には「お」、漢語には「ご」がつく。ただし、「お返事」「ご返事」のように両方つく場合もある。

＊接尾語（―様・―氏など）

相手や相手の側の名前や呼び名などについて、尊敬を表す。

5. 謙譲語を使う

●代表的な言い換え型

＊いる↓おる

＊する↓いたす

＊言う↓申す／申し上げる

＊食べる↓いただく／頂戴する

＊行く↓伺う／参る

＊見る↓拝見する

＊知っている↓存じている／存じ上げている

●代表的な付け足し型

＊お（ご）～する

～には動詞の連用形が入る。「～する」の謙譲表現。敬意は比較的軽い。㊎お書きする・お話しする

＊お（ご）～いたす

～には動詞の連用形が入る。「～する」の謙譲表現。使わ

れることの多い形。例お書きいたす・お話しいたす
＊お（ご）〜申し上げる
〜には動詞の連用形が入る。「〜する」の謙譲表現。「お〜いたす」よりも敬意が高い。例お書き申し上げる・お話し申し上げる
＊〜させていただく
〜には動詞の未然形が入る。「〜する」の謙譲表現。相手の許可を得て「〜させてもらう」というニュアンスがある。例書かせていただく・話させていただく
＊〜していただく
〜には動詞の連用形が入る。相手に何かをしてもらうというニュアンスがある。例書いていただく・話していただく
＊お（ご）〜願う
〜には動詞の連用形が入る。相手にお願いして、してもらうというニュアンスがある。実際に使う時は、「お（ご）〜願えますか」「お（ご）〜願えませんか」と疑問形にすることで、語調をやわらげることができる。例お書き願う・お話し願う

＊お（ご）〜いただく
〜には動詞の連用形が入る。相手に何かをしてもらうというニュアンスがあり、敬意は高い。例お書きいただく・お話しいただく

●接頭語と接尾語
＊接頭語（弊―・小―・お（ご）―など）
自分や自分の側の人、物事などについて、謙譲を表す。「お電話を差し上げます」「ご挨拶をさせていただきます」などの「お（ご）―」は謙譲を表す。
＊接尾語（―どもなど）
自分や自分の側の呼び名などについて、謙譲を表す。

6. 丁寧語を使う

●です・ます
語尾につけて、聞き手に対する敬意を表す。
＊動詞・助動詞「れる・られる・せる・させる」の連用形につく。

＊ございます
形容詞・形容動詞などの連用形につく。

7. その他の敬語に準ずる語を使う

●改まり語
より丁寧で格式のある言い回しで、公の場やビジネスシーンなどでつかう。㊞本日・明日　など

●クッション語
何かを頼んだり断ったりするときなど、言いにくいことを言うときに使う。㊞恐れ入りますが・失礼ですが　など

●美化語
「お」「ご」をつけたり言い換えたりして、言い回し自体を丁寧にする。㊞お手洗い・お天気・ごはん　など

●挨拶語
日常的な挨拶や、特定の場で使う決まり文句。㊞お疲れ様です・お世話様です　など

8. 敬語のバランス

●敬意の差に気を配る
＊ぞんざいな「あいつ」と、敬意の高い「おっしゃる」を用いるとバランスが悪い。
㊞あいつがそうおっしゃいました。↓あの方がそうおっしゃいました。
＊日常の場で、古風で敬意の高い尊敬語を用いると、大げさな印象になる。

●過剰敬語を避ける
＊大げさな敬語は、かえって相手を侮辱しているように聞こえるため要注意。
＊必要以上に謙譲語を用いると卑屈な感じになり、相手を不愉快な気持ちにさせる。
＊少し長めの言い回しなどは、すべてのことばに敬意をつけず適当に間引く。
＊基本的には、最後の動作に敬語をつける程度でも十分。

敬語ミニ用語集

敬意 相手をうやまう気持ち。目上の人には敬意の高い敬語、自分に近い立場の人には敬意の軽い敬語を用いる。

尊敬語（尊敬表現） 相手を高めることで、相手に敬意を表す。

謙譲語（謙譲表現） 自分を低めることで、相手に敬意を表す。

丁寧語 その場にいる聞き手に対して、敬意を表す。

丁重語 謙譲語のうち、主に話し手の自分を低める気持ちだけを表す。敬意の相手が存在しなくても成立することば。

改まり語 通常より丁寧で格式のある、改まったことば。

クッション語 お願いしたり断ったりするときなどに、前につけて語調をやわらげることば。

美化語 「お」や「ご」をつけたり言い換えたりして、言い回し自体を丁寧にすることば。

挨拶語 日常的な挨拶や、特定の場で使われる決まり文句。

忌みことば 不吉な語を連想させるため、使うのを避ける語。

言い換え型 敬語の作り方のひとつ。ふつうの動詞を、特定の語に言い換える。

付け足し型 敬語の作り方のひとつ。ふつうの動詞に「お（ご）〜になる」「お（ご）〜する」などをつける。

接頭語・接尾語 ほかのことばの前または後について、尊敬または謙譲の意を表す。

過剰敬語 必要以上に敬語を使うこと。長めの言い回しでは、最後の動作に敬語をつける程度でも十分。

二重敬語 敬語表現をふたつ重ねて使うことで、誤りとされる。

あ

あいさつする【挨拶する】

尊 挨拶される／挨拶なさる／ご挨拶なさる

例 はじめにご挨拶なさったのが、A社の社長です。

謙 挨拶いたす／ご挨拶する／ご挨拶いたす／ご挨拶申し上げる／挨拶させていただく

例 部長の桜井が皆さまにご挨拶いたします。

あいする【愛する】

尊 愛される／思われる／お思いになる／慕われる／お慕いになる／慈《いつく》しまれる

例 ここが先生の愛された別荘です。

例 ご子息はお向かいのお嬢様をお思いになっているようです。

例 愛息を慈しまれる。

謙 お慕いする／お慕いいたす／お慕い申し上げる

例 以前からお慕い申し上げておりました。

例 みんな先生をお慕いしております。

参考「愛する」のかわりに、「思う」「慕う」「慈しむ」などが使われる場合もある。謙譲表現の「慕う」は、目上の人に愛情を伝えるときなどに使われるが、やや古風な印象。

あいて【相手】

尊 あちら様／先様《さきさま》

例 その件については、先様も重々ご承知のはずです。

参考「あちら様」は、ごく軽い敬意を含む表現。

あいにく【生憎】他

都合の悪いことに。相手の期待に添えないときなどに用いる、クッションことば。

例 申しわけございません。あいにく、在庫を切らしておりまして…。

参考 商品があるかどうかを尋ねられた際、ただ「在庫を切らしております」と答えるのではなく「あいにく」を前に付けることで、「役に立てなくて申しわけない」という気持ちを相手に伝えることができる。

あう【会う】

尊 **会われる／お会いになる／お会いなさる**

例 奥様とはどちらで会われたのですか。

謙 **お会いする／お会いいたす／お会い申し上げる／会わせていただく／お目にかかる**

例 ぜひ今週中にお会いしたいです。

例 御社の社長に初めてお目にかかりました。

参考 謙譲語「お目にかかる」は、敬意が高い。初対面のときなどによく使われる。

謙譲語には「お目通りする」「拝謁する」などもあるが、敬意が非常に高く、現在では地位の高い人に面会するとき以外は使わない。

Point 「お会いになる」と「お会いする」

相手や第三者がだれかに会う場合は「お会いになる」、自分が会う場合は「お会いする」を用いる。

例 「先日、うちの後輩にお会いになったそうですね？」
「ええ、そうなんです。駅のホームで偶然お会いしました」

あかす【明かす】

尊 **明かされる／お明かしになる／お明かしなさる**

例 駅で一晩お明かしになったそうです。

謙 **お明かしする／お明かしいたす／お明かし申し上げる／明かさせていただく**

例 手品の種をお明かしいたしましょう。

あがる【上がる】

尊 **上がられる／お上がりになる／お上がりなさる**

例 先生はゆっくりと壇上へお上がりになった。

謙 **上がらせていただく**

例 失礼して上がらせていただきます。

参考 この「上がる」は、玄関から部屋に入るなど、物理的に下から上へ移動する意。

命令・依頼 ～してほしい

尊上がってください／お上がりください／上がってくださいますか／お上がりくださいますか

例せまいところですが、よかったらお上がりくださいますか。

謙上がっていただけますか／お上がりいただけますか／お上がり願います／お上がり願えますか

例靴を脱いでからお上がりいただけますか。

あがる【上がる】尊謙

❶「食べる」「飲む」の尊敬語。

例冷めないうちに、どうぞお上がりください。

❷「訪ねる」「行く」「来る」の謙譲語。

例これからお荷物をお届けに上がります。

例転勤のご挨拶に上がりました。

参考❶は、「上がる」だけで敬意を含むが、「お上がりになる」の形で使われることが多い。

あきらめる【諦める】

尊諦められる／お諦めになる／お諦めなさる

例旅行はお諦めになったようです。

謙諦めさせていただく

例せっかくお声がけいただきましたが、今回は諦めさせていただきます。

参考「諦める」のかわりに、「断念する」などが使われる場合もある。

あける【開ける・空ける】

尊開けられる・空けられる／お開けになる・お空けになる／お開けなさる・お空けなさる

例三日ほど家をお空けになるそうです。

謙開けさせていただく・空けさせていただく

例お待たせいたしました。そろそろ店を開けさせていただきます。

あげる【上げる】謙

❶「与える」「やる」の謙譲語。
例 この本をあなたに上げましょう。
❷（「～してあげる」の形で）「～してやる」の謙譲語。
例 傘を貸してあげましょう。
❸「差す」「存ずる」「申す」などについて、謙譲表現をつくる。
例 こちらからご連絡を差し上げます。
例 いいえ。私は存じ上げません。
例 新年のお慶びを申し上げます。
参考 ❶❷は非常に敬意が軽いため、目上の人に対して使う場合は「差し上げる」「～して差し上げる」を用いるのが一般的。ただし、状況によっては、差し出がましい印象を与えることもあるため注意が必要。

NG「～してあげる」は目上に使うと失礼。

×先生、駅まで車で送ってあげます。
○先生、駅まで車でお送りします。

あさって【明後日】

↓みょうごにち（↓219ページ）

あし【足】

尊 おみ足
例 おみ足に泥がついています。

あしからず【悪しからず】他

申しわけないという気持ちを表す、クッションことば。

例 悪しからずご了承ください。

参考「悪しからず」は、「気分を悪くしないでください」の意で、相手の意に添えない場合に用いる。「悪《あ》し」は古語で、「悪い」の意の形容詞。

あす【明日】

↓みょうにち（↓219ページ）

あずかる【与る】 謙

（「〜にあずかる」の形で）目上の人から、恩恵を受ける。

例 お褒めにあずかり、大変光栄でございます。

例 今宵はお招きにあずかり、ありがとう存じます。

参考 「長年のご愛顧にあずかり」「ごひいきにあずかり」などの形で、商業用の挨拶文などにも用いられる。

あずかる【預かる】

尊 **預かられる／お預かりになる／お預かりなさる**

例 お孫さんをお預かりになるおつもりですか。

謙 **お預かりする／お預かりいたす／お預かり申し上げる／預からせていただく**

例 お車の鍵をお預かりいたします。

命令・依頼 〜してほしい

尊 **預かってください／お預かりください／預かってくださいますか／お預かりくださいますか**

例 重要書類をお預かりくださいますか。

謙 **預かっていただけますか／お預かりいただけますか／お預かり願います／お預かり願えますか**

例 出発までの間、荷物を預かっていただけますか。

不可能 〜できない

謙 **お預かりできません／お預かりしかねます／お預かりいたしかねます**

例 貴重品はお預かりいたしかねます。

あずける【預ける】

尊 **預けられる／お預けになる／お預けなさる**

例 クロークにコートをお預けになりますか。

謙 **お預けする／お預けいたす／お預け申し上げる／預けさせていただく**

例 荷物をお預けいたします。

あそばす【遊ばす】 尊

「する」の尊敬語。

例 今日の午後は、いかがあそばしますか。

参考 おもに女性が用いることば。やや古風な表現で、敬意は高い。「お〔ご〕〜あそばす」の形で、付け足し型の尊敬表現となる。現在はほとんど使われない。

あそぶ【遊ぶ】

尊 遊ばれる／お遊びになる

例 ご子息が公園で遊ばれているのをお見かけしました。

謙 遊ばせていただく

例 幼少のころ、よく一緒に遊ばせていただきました。

あたえる【与える】

尊 くださる／賜《たまわ》る

例 先生は貴重な資料を私にくださった。

謙 あげる／差し上げる／献ずる／進ずる

例 お客様にお菓子を差し上げてください。

参考 「与えられる」「お与えになる」などの付け足し型の尊敬表現も、状況によっては使われることがある。

謙譲語の「上げる」は敬意が軽いため、目上の人には「差し上げる」を使うようにする。「献ずる」は、神仏や霊前、地位の高い人などに差し上げる意。「進ずる」は、「君にこの書物を進ぜよう」などの形で使われる。付け足し型の謙譲表現は、使われない。

Point 相手に与えるときは「差し上げる」

相手に与える場合は、謙譲語の「差し上げる」を使う。「上げる」は敬意が軽いため、目上の人には使わない。

例 「ここに置いてある資料、ちょっと拝見してもよろしいですか?」

「どうぞ、差し上げますよ」

あたえること

↓おくること（↓36ページ）

あたためる【温める・暖める】

尊 温められる・暖められる／お温めになる・お暖めになる／お温めなさる・お暖めなさる

例 長い間胸の内で温められてきた計画を実現なさいました。

謙 **お温めする・お暖めする／お温めいたす・お暖めいたす／お温め申し上げる・お暖め申し上げる／温めさせていただく・暖めさせていただく**

例 スープを温めさせていただきます。

あちら 他

❶ **「あっち」「あれ」の丁寧な言い方。**

例 恐れ入りますが、あちらの階段をご利用ください。

例 あちらの品も見せていただけますか。

❷ **「あの人」「あの人たち」などの、軽い敬意を含んだ言い方。**

例 あちら(様)はどなたですか。

あっち

↓あちら

あつまる【集まる】

尊 **集まられる／お集まりになる／お集まりなさる／ご参集になる／ご参集なさる／おそろいになる**

例 各界の名士がお集まりになりました。

謙 **集まらせていただく**

例 御社に集まらせていただいてもよろしゅうございますか。

参考 「ご参集」は「集まること」の尊敬語。「する」と結びついて動詞になるほか、「ご参集の皆様」のようにも使われることば。

「集まる」の謙譲表現はふつう使われないが、先方の会社や目上の人の家に集まるときなど、特別な場合には「集まらせていただく」などが使われる。

命令・依頼 **〜してほしい**

尊 **集まってください／お集まりください／集まってくださいますか／お集まりくださいますか**

例 お手数ですが、前のほうにお集まりください。

謙 **集まっていただけますか／お集まりいただけますか／お集まり願います／お集まり願えますか**

例 朝10時までにお集まりいただけますか。

あつめる【集める】

尊 集められる／お集めになる／お集めなさる

例 部員を会議室にお集めになった。

謙 集めさせていただく

例 優秀な人材を集めさせていただきました。

あなた【貴方】他

「きみ」の丁寧な言い方。

例 あなたはどちらのご出身ですか。

参考 同輩または、同輩以下に対して用いる。目上の人に使うと失礼となる。

あに【兄】

尊 兄上様《あにうえ》／兄君／兄御《あにご》／お兄様《にいさま》／賢兄《けんけい》／（ご）令兄《れいけい》

例 お兄様からお電話です。

謙 愚兄《ぐけい》

参考 自分の側について言う場合は、多く、敬意を含まない「兄」が使われる。

あね【姉】

尊 姉上様《あねうえ》／姉君／姉御《あねご》／お姉様《ねえさま》／賢姉《けんし》／（ご）令姉《れいし》

例 お姉様とはおいくつ違いでいらっしゃいますか。

謙 愚姉《ぐし》

参考 自分の側について言う場合は、多く、敬意を含まない「姉」が使われる。

あのひと【あの人】

尊 あの方／あちら様

例 あの方が会場の責任者です。

参考「あちら様」は、ふたり以上の場合にも使われる。

あばらや【あばら家】謙

自宅をへりくだっていう語。

例 あばら家ですが、ぜひお立ち寄りください。

参考「荒れはてた家」の意。「茅屋《ぼうおく》」なども同義。

あびる【浴びる】

尊 **浴びられる**

例 外に出て、少し太陽の光を浴びられたほうがよろしいでしょう。

謙 **浴びさせていただく**

例 あまりに暑いので、シャワーを浴びさせていただきました。

あむ【編む】

尊 **編まれる／お編みになる／お編みなさる**

例 マフラーをお編みになっているそうです。

謙 **編ませていただく**

例 先生の詩集を編ませていただきたいのですが。

あやまる【謝る】

尊 **謝られる／お謝りになる／お詫《わ》びなさる／謝罪なさる**

例 まず先方に謝られるのがよろしいかと存じます。

謙 **お詫びする／お詫びいたす／お詫び申し上げる／謝罪いたす／陳謝いたす**

例 心よりお詫び申し上げます。

参考「謝る」のかわりに、「詫びる」や「謝罪する」が用いられることが多い。「遺憾《いかん》に存ずる」も自分の（側の）行動について使うと、釈明して謝る意。公の場ではよく使われるが、謝意が薄い印象を与える。

あゆむ【歩む】

尊 **歩まれる**

例 お父上の歩まれた苦難の道のり。

謙 **歩ませていただく**

例 お陰様で、研究一筋の道を歩ませていただきました。

あらあらかしこ 他

女性が手紙の終わりに用いる、挨拶のことば。

参考「十分に意を尽くさず（＝粗粗《あらあら》）恐れ入ります（＝畏《かしこ》）」

の意。「かしこ」より丁寧な言い方。

あらう【洗う】

尊 洗われる／お洗いになる／お洗いなさる

例 こちらで手をお洗いになってください。

謙 洗わせていただく

例 お車を洗わせていただきます。

あらためる【改める】

尊 改められる／お改めになる／お改めなさる

例 社名を改められるそうです。

例 おつりを今一度お改めになってください。

謙 改めさせていただく

例 では、失礼して中を改めさせていただきます。

参考 尊敬語、謙譲語とも、「変える」「直す」「確かめる」の
どの意でも使われる。

あらわす【表す】

尊 表される／表現される／表現なさる／示される／お示しに
なる／お示しなさる

例 強い気持ちを態度でお示しになる。

謙 表現いたす／表現させていただく／お示しする／お示しい
たす／お示し申し上げる／示させていただく

例 ただ今申し上げたことを、図でお示しいたしますと…。

参考 「表す」は敬語の形をとりにくいため、「表現する」「示
す」などで代用されることが多い。

ありがとう【有り難う】

丁 ありがとうございます／ありがとう存じます

例 本日は、ご来店ありがとうございます。

ある

尊 いらっしゃる／あられる／おありになる

例 あの方は量子力学の権威でいらっしゃる。

例 先生には相当な影響力がおありになる。

例 当店にはそばもうどんもございます。

参考「ある」には謙譲語がなく、自分の側についていう場合には丁寧語の「あります」「ございます」を用いる。「ある」の尊敬語には「あらせられる」などもあるが、非常に敬意が高く、現在はほとんど使われない。

Point 相手には尊敬語の「おありになる」を使う

丁寧語で「ございますか」と聞いても間違いではないが、尊敬語で「おありになりますか」と聞くのがベター。また、答える側も、「あります」より「ございます」のほうが丁寧。

例

「海外旅行の経験はおありになりますか？」

「ええ、ございます。昨年、カナダに参りました」

あるく【歩く】

尊 歩かれる／お歩きになる／お歩きなさる／お運びになる

例 先生は机の間をゆっくりとお歩きになる。

謙 歩かせていただく

例 私は駅まで歩かせていただきますので、タクシーは必要ありません。

あれ

↓あちら（↓7ページ）

あわてる【慌てる】

尊 慌てられる／お慌てになる／お慌てなさる

例 きっと出かけぎわで、お慌てになったのでしょう。

参考「慌てる」の謙譲表現は使われない。

あんしんする【安心する】

尊 安心される／安心なさる／ご安心なさる／安堵《あんど》される／安堵なさる／ご安堵なさる

例 ご両親もご安心なさったようでした。

謙 安心いたす／安堵いたす

例 無事お帰りになったそうで、安心いたしました。

命令・依頼 ～してほしい

尊安心してください／ご安心ください／安心してくださいますか／ご安心くださいますか／ご休心ください／ご休心くださいますか／ご放念ください／ご放念くださいますか／ご放心ください／ご放心くださいますか

例 他事ながらご安心ください。

参考「安堵する」は「安心する」よりもやや改まった表現。なお、「ご安堵ください」とはいわないので要注意。

NG「ご安心する」は使わない。

相手の行為に、謙譲表現「ご～する」を用いるのは誤り。

×ご安心してお召し上がりください。

○安心してお召し上がりください。

あんずる【案ずる】

尊案じられる／ご案じになる／ご案じなさる

例 お嬢様の身の上をご案じになる。

謙ご案じいたす／ご案じ申し上げる

例 電話が通じないのでご案じいたしておりました。

禁止 ～しないでくれ

尊ご案じにならないでください／ご案じになりませんよう／ご案じくださいませんよう

例 あとのことはご案じになりませんよう。

参考 気にかける意の場合、「案ずる」のかわりに「心配する」が使われることもある。「案ずる」は、あれこれ考える意でも使われる。

いいつかる【言いつかる】

尊 仰《おお》せつかる

例 司会の大役《たいやく》を仰せつかりました。

参考 「言いつかる」は、言い付けられる、命じられる意。

いいつけ【言い付け】

尊 仰《おお》せ／ご命令／お指図《さしず》／お言い付け

例 社長の仰せに従います。

参考 「仰せ」は、「言うこと」「ことば」の尊敬語としても使われる。

いう【言う】

尊 言われる／おっしゃる／仰《おお》せられる／仰せになる

例 課長がおっしゃった通りの結果になった。

謙 申す／申し上げる／申し上げさせていただく／申し述べ

る

例 ひとことお礼を申し上げたくて参りました。

参考 尊敬語の「仰せられる」「仰せになる」は、やや古風な表現。敬意も非常に高く、日常的にはあまり使われない。
謙譲語の「申し上げる」は、「申す」よりも敬意が高い。また、「お〔ご〕～申し上げる」の形で、付け足し型の謙譲表現となる。なお、「申す」には、「世間では○○と申します」のような丁寧語の用法もある。

Point 身内が言う場合も「申す」を使う

自分だけでなく、身内が言う場合も謙譲語の「申す」や「申し上げる」を使う。

例
「奥様はお元気になりましたか」
「ええ。おかげ様で。妻もよろしくと申しておりました」

いえ【家】

尊 ご自宅／お住まい／お宅／（ご）尊宅／（ご）尊家《そんか》／貴宅／貴家《きか》

謙 拙宅《せったく》／小宅／あばら屋／弊屋《へいおく》／陋屋《ろうおく》／陋宅《ろうたく》／寓居《ぐうきょ》／茅屋《ぼうおく》

いかが【如何】 他

「どう」「どんな」の丁寧な言い方。

例 お茶を一杯いかがですか。

例 お肉の焼き加減はいかがいたしましょうか。

いかほど【如何程】 他

「いくら」「どれくらい」の丁寧な言い方。

例 全部でいかほどになりますか。

参考 とくに、数量や値段についていう。

いく【行く】

尊 いらっしゃる／お出かけになる／おいでになる／お越しになる／お運びになる

謙 伺《うかが》う／お伺いする／お伺いいたす／伺わせていただく／上がる／参る／参上する／参上いたす

参考 「お出かけになる」以外の「行く」の尊敬語は、「来る」の尊敬語としても使われる。
謙譲表現の「お伺いする」「お伺いいたす」は二重敬語だが、一般によく使われる。
謙譲語の「参る」は、「来る」の謙譲語としても使われる。
また、「このバスは東京駅まで参りますか」のような丁重語の用法もある。

Point 尊敬語の「いらっしゃる」を使う

相手に「行く」ことを尋ねるときは、「いらっしゃる」を使う。「お出かけになる」「おいでになる」などを使ってもOK。

例
「連休はどこかへいらっしゃいましたか？」
「ええ、夫と北海道へ参りました」

いけん【意見】

尊 お考え／おぼしめし／貴意《きい》／ご意見／（ご）高見／（ご）高説／（ご）尊慮

例 部長のお考えをお聞かせ願えますか。
例 貴意を得たく、メールを差し上げた次第です。
例 ご高見をお伺いしたいのですが。
謙 **愚見《ぐけん》／愚考／愚説／浅見《せんけん》／卑見《ひけん》**
例 あえて卑見を述べさせていただきます。
参考「個人的な意見・見解」の意の「私見」や「私考」も、多く、自分の意見をへりくだっていうときに使われる。

いさめる【諫める】

尊 **諫められる／お諫めになる／お諫めなさる／忠告される／ご忠告になる／ご忠告なさる**
例 課長は部長をお諫めになった。
謙 **お諫めする／お諫めいたす／お諫め申し上げる／ご忠告する／ご忠告いたす／ご忠告申し上げる**
例 私が部長にご無理をなさらぬようお諫め申し上げます。
参考「諫める」は、目上の人に対して、悪い点や誤りなどを改めるようにいう意。

いそがしい【忙しい】

尊 **お忙しい／ご多忙／ご多用**
例 お忙しいところ誠に恐縮ですが、ご連絡お待ちしております。

いそぐ【急ぐ】

尊 **急がれる／お急ぎになる／お急ぎなさる**
例 知らせを聞いて、家路をお急ぎになりました。

命令・依頼 ～してほしい
尊 **急いでください／お急ぎください／急いでくださいますか／お急ぎくださいますか**
例 お客様、まもなく発車いたしますのでお急ぎください。
謙 **急いでいただけますか／お急ぎいただけますか／お急ぎ願います／お急ぎ願えますか**
例 すみません、遅刻しそうなので急いでいただけますか。

禁止 ～しないでくれ
尊 **お急ぎにならないでください／お急ぎになりませんよう／お急ぎくださいませんよう**

例 入場の際は、お急ぎになりませんようお願い申し上げます。

いたしかた【致し方】他

「しかた」「しよう」の改まった言い方。

例 ご存じないのであれば、致し方ございません。

参考「致し方ございません」は、「しかたがない」の丁寧な言い方。

いたす【致す】謙

「する」の謙譲語。

例 会場の準備は、すべて私どもでいたします。

参考「いたす」は、「お［ご］～いたす」の形で、付け足し型の謙譲表現となる。

「いたす」には、「金木犀《きんもくせい》の香りがいたします」のような丁重語の用法もある。この「いたす」は、「ます」を付けて「いたします」の形で使われるのがふつう。

NG「いたす」を相手に使うのは誤り。

× パンかライスのどちらにいたしますか。

○ パンかライスのどちらになさいますか。

いただく【頂く】謙

「食べる」「飲む」「もらう」の謙譲語。

例 遠慮なくいただきます。

例 お電話をいただきました。

参考「いただく」には、「朝はパンをいただきます」のような丁重語の用法もある。

NG「いただく」を相手に使うのは誤り。

× 冷めないうちにいただいてください。

○ 冷めないうちに召し上がってください。

いたみいる【痛み入る】他

相手にお礼の気持ちを伝える、挨拶のことば。

例 ご丁寧に痛み入ります。

参考 相手の親切をありがたく、また、申しわけなく思う意。やや古風な表現。「恐れ入る」とほぼ同義のことば。

いためる【痛める】

尊 痛められる／お痛めになる

例 ご子息のことで頭を痛められている。

例 身内のもめごとに心をお痛めになる。

いたらない【至らない】 謙

自分の思慮や経験が足りない状態を、へりくだっていう語。行き届かない。

例 なにかと至らない点もあるかと思いますが、よろしくお願いいたします。

参考「いたらぬ」も同義。

いっさくじつ【一昨日】 他

「おととい」の改まった言い方。

例 一昨日から急に具合を悪くしまして…。

いっさくねん【一昨年】 他

「おととし」の改まった言い方。

例 一昨年の春のことでございます。

いとなむ【営む】

尊 営まれる

例 ご夫婦で喫茶店を営まれています。

謙 営ませていただく

例 来月に一周忌《き》の法要を営ませていただきます。

いない【居ない】

尊 いらっしゃらない／おいでにならない／席を外していらっしゃる

例 社長はお部屋にいらっしゃらないようです。

例 校長先生は所用でこの会場にはおいでになりません。

謙 席を外しておる

例 小林はただいま席を外しております。

参考 関西方面などでは、「おられない」も「いない」の尊敬語として用いられる。

「席を外す」は、とくにビジネスシーンで、付近にいない（ただし社内にはいる）ことをいう決まり文句としてよく使われる。

なお、「いません」の謙譲語として「おりません」も用いられる。

いのる【祈る】

尊 祈られる／お祈りになる／お祈りなさる

例 お父様の無事を、日夜お祈りなさる。

謙 お祈りする／お祈りいたす／お祈り申し上げる／祈らせていただく

例 皆様のいっそうのご多幸を心よりお祈り申し上げます。

参考「祈る」のかわりに、「祈念する」「祈願する」などが使われる場合もある。

いふく【衣服】

尊 お着物／お召し物

例 水色のお召し物の方が会長です。

いまいちど【今一度】他

「もう一度」の改まった言い方。

例 今一度、中身をご確認ください。

いもうと【妹】

尊 妹君／妹御《いもうとご》／妹さん／賢妹《けんまい》／（ご）令妹《れいまい》

例 妹さんはどちらにお住まいですか。

謙 愚妹《ぐまい》

参考 自分の側についていう場合は、多く、敬意を含まない「妹」が使われる。

いゆう【畏友】尊

友人の敬称。

参考「尊敬している友人」の意でも使われる。

いらいする【依頼する】

尊 依頼される／依頼なさる／ご依頼になる／ご依頼なさる

例 ともかく、先生に依頼なさってみてはいかがですか。

謙依頼いたす／ご依頼する／ご依頼いたす／ご依頼申し上げる／依頼させていただく

例私が、執筆をご依頼いたしました渡辺でございます。

参考「依頼する」のかわりに、「願う」「頼む」などが使われる場合もある。

いらっしゃい 尊 他

❶尊敬語「いらっしゃる」の命令形。おいでなさい。

例早くこちらへいらっしゃい。

例折をみて遊びにいらっしゃい。

❷来た人を迎えるときの、挨拶のことば。

例やあ、いらっしゃい。

参考❶は敬意が非常に軽く、子どもや目下に対してのみ使われる。

❷は、「いらっしゃいませ」ともいう。「いらっしゃい」は敬意が軽いため、目上の人には「いらっしゃいませ」を用いる。さらに丁寧にする場合は、「よくいらっしゃいました」「ようこそおいでなさいました」などという。

いらっしゃる 他

「いる」「行く」「来る」の尊敬語。

例あの方のお兄様はいまニューヨークにいらっしゃいます。

例ご家族は何人いらっしゃいますか。

例例のお店にはいついらっしゃいますか。

例どうぞこちらへいらしてください。

参考「行かれる」「来られる」に比べて敬意が高く、丁寧な印象。

NG ペットには「いらっしゃる」を使わない。

×ワンちゃんがいらっしゃるの？

○ワンちゃんがいるの？

いる

尊いらっしゃる／おいでになる

例部長なら、会議室にいらっしゃいます。

謙おる

例私も、明日は一日中家におります。

参考「いる」の荘重な表現に、「おられる」がある。また、「おられる」は「山田くんはおられますか」のように、地方によっては「いらっしゃる」と同義の尊敬語として用いられる。

尊敬語の「いらっしゃる」「おいでになる」は「〜していらっしゃる」「〜しておいでになる」、謙譲語の「おる」は「〜しておる」の形で、ほかの動詞について使われることもある。

「おる」には「外は雨が降っております」のような丁重語の用法もある。

Point「いらっしゃる」と「おる」

相手に「いる」かを尋ねるときは「いらっしゃる」や「おいでになる」、自分が「いる」と答えるときは「おる」を使う。

例
「午前中はご自宅にいらっしゃいますか?」
「ええ、おります」

いれる【入れる】

尊 **入れられる／お入れになる／お入れなさる**

例 お子様を付属中学校にお入れになったそうですね。

謙 **お入れする／お入れいたす／お入れ申し上げる／入れさせていただく**

例 ドライアイスをお入れしておきます。

命令・依頼 〜してほしい

尊 **入れてください／お入れください／入れてくださいますか／お入れくださいますか**

例 早めに冷蔵庫にお入れください。

謙 **入れていただけますか／お入れいただけますか／お入れ願います／お入れ願えますか**

例 この箱に代金を入れていただけますか。

いわう【祝う】

尊 **祝われる／お祝いなさる**

例 ご家族の皆様でお祝いなさったのですか。

謙 **お祝いする／お祝いいたす／お祝い申し上げる／祝わせて**

いただく

例 先生のお誕生日をみんなでお祝いしましょう。

参考 「祝う」のかわりに、「祝福する」などが使われる場合もある。

いんしょくぶつ【飲食物】

謙 (お)口汚し／(お)口ふさぎ

例 ほんのお口汚しでございますが、どうぞ。

参考 「(お)口汚し」「(お)口ふさぎ」とも、相手に飲食物をすすめる際にへりくだっていうことば。

う

ーうえ【上】 尊

目上の人に対する敬意を表すことば。

例 父上。母上。兄上。姉上。

参考 やや古風な表現。

うえさま【上様】 尊

領収書などで、相手の名前の代わりに敬意をこめて書くことば。

参考 「じょうさま」とも読む。

うえる【植える】

尊 植えられる／お植えになる／お植えなさる

例 庭に柿の木をお植えになった。

謙 お植えする／お植えいたす／お植え申し上げる／植えさせていただく

例 お庭に桜の木を植えさせていただきます。

うかがう【伺う】謙

「聞く」「尋ねる」「訪問する」の謙譲語。

例 先生にお話を伺いました。

例 少々伺ってもよろしいですか。

例 先日、先生のお宅に伺いました。

参考 付け足し型の謙譲表現「お〜する」(↓39ページ)を重ねた「お伺いする」(↓31ページ)も、一般によく使われる。

NG「伺う」を相手に使うのは誤り。

× 受付の者に直接伺っていただけますか。

○ 受付の者に直接お尋ねいただけますか。

うかべる【浮かべる】

尊 浮かべられる／お浮かべになる／お浮かべなさる

例 顔に笑みを浮かべられた。

参考「浮かべる」の謙譲表現はあまり使われない。

うけいれる【受け入れる】

尊 受け入れられる／お受け入れになる／お受け入れなさる

例 外部の意見を積極的に受け入れられた。

謙 お受け入れする／お受け入れいたす／お受け入れ申し上げる／受け入れさせていただく

例 外部の方も受け入れさせていただいております。

うけたまわる【承る】謙

「聞く」「引き受ける」「わかる」の謙譲語。

例 皆様のお考えを承りたいと存じます。

例 確かにご予約を承っております。

参考「承りました」は、ビジネスシーンをはじめ社交の場で広く使われることば。「承知いたしました」「かしこまりました」もほぼ同義で使われる。

うけつぐ【受け継ぐ】

尊 受け継がれる

例 職人気質はお父様から受け継がれたのでしょう。

謙 **受け継がせていただく**

例 未熟者ですが、秘伝の技術を受け継がせていただく所存です。

うけとめる【受け止める】

尊 **受け止められる／お受け止めになる／お受け止めなさる**

例 社長はこのたびのシステムダウンを深刻な問題として受け止められました。

謙 **お受け止めする／お受け止めいたす／お受け止め申し上げる／受け止めさせていただく**

例 お気持ちはありがたく受け止めさせていただきます。

うけとる【受け取る】

尊 **受け取られる／お受け取りになる／お受け取りなさる／お納めになる／お納めなさる**

例 つまらないものですがお納めになってください。

謙 **お受け取りする／お受け取りいたす／受け取らせていただく／いただく／頂戴《ちょうだい》する／頂戴いたす／拝受する／拝受いたす**

例 先日、メールを頂戴しました。

参考 「受け取る」の付け足し型の敬語表現は、事務的なやりとりに使われることが多い。贈り物などを相手が受け取る場合は「お納めになる」、相手から受け取る場合は「いただく」「頂戴する」などを用いる。「拝受する」「拝受いたす」は、おもに書きことばとして使われる。

Point **自分側には「頂戴する」などを使う**

メールや手紙を受け取ったときは、謙譲語の「頂戴する」や「いただく」を使う。「お受け取りする」だと、やや事務的な印象。

例 「先日、メールをお送りしたのですが…」

「頂戴しました。ありがとうございます」

うけとること【受け取ること】

尊 ご検収《けんしゅう》／ご査収《さしゅう》／ご受納《じゅのう》／ご嘉納《かのう》

例 書類を同封いたしましたので、よろしくご査収ください。

例 つまらないものですが、ご受納ください。

謙 拝受《はいじゅ》

例 お手紙、拝受いたしました。

参考 尊敬語、謙譲語とも、おもに書きことばで使われる。「検収」は、「数や種類を点検して受け取ること」の意。「査収」は、「調べて受け取ること」の意。「受納」は、「金品などを受け取ること」の意。「嘉納」は「(目上の人が)喜んで受け取ること」の意。

うけもつ【受け持つ】

尊 受け持たれる

例 小学校の2年生を受け持たれていらっしゃいます。

謙 受け持たせていただく

例 来年度の委員会の会計を受け持たせていただきます。

うける【受ける】

尊 受けられる／お受けになる／お受けなさる

例 先生は国民栄誉賞をお受けになった。

謙 お受けする／お受けいたす／いただく／頂戴《ちょうだい》する／頂戴いたす／あずかる／賜《たまわ》る／授《さず》かる

例 パリ支店への転勤、お受けいたします。

例 お客様からお土産《みやげ》を頂戴いたしました。

例 お褒めにあずかり光栄でございます。

例 会長からおことばを賜りました。

例 天から子を授かりました。

参考 謙譲語の「あずかる」は、目上の人からの好意や恩恵などを受ける意。「賜る」は、改まった場などで用いられる。ともに、敬意は非常に高い。

うごかす【動かす】

尊 動かされる

例 先生は、本を少し動かされた。

参考 謙譲表現は使われない。

うごく【動く】

尊 動かれる／お動きになる／お動きなさる

例 お一人でお動きになるのは危険です。

謙 動かせていただく

例 指示をいただいてから動かせていただきます。

うたう【歌う】

尊 歌われる／お歌いになる／お歌いなさる

例 思い出の歌をお歌いになった。

謙 歌わせていただく

例 一曲歌わせていただきます。

うたがう【疑う】

尊 疑われる／お疑いになる／お疑いなさる

例 彼の証言をお疑いになっているようだ。

謙 お疑いする／お疑いいたす／お疑い申し上げる

例 あの方を一度だけお疑い申し上げたことがございます。

うちあける【打ち明ける】

尊 打ち明けられる／お打ち明けになる／お打ち明けなさる

例 こっそりと私だけに打ち明けられました。

謙 打ち明けさせていただく

例 正直な気持ちを打ち明けさせていただきます。

うちけす【打ち消す】

尊 打ち消される／お打ち消しになる／お打ち消しなさる

例 慌ててうわさを打ち消された。

参考 「打ち消す」の謙譲表現はあまり使われない。

うちこむ【打ち込む】

尊 打ち込まれる／お打ち込みになる／お打ち込みなさる

例 英語の勉強に打ち込まれているご様子です。

謙 打ち込ませていただく

例 けがが治ったので、これまで以上に仕事に打ち込ませていただきます。

うつ【打つ】

尊 打たれる／お打ちになる／お打ちなさる

例 急停止した際、頭を強く打たれたようです。

謙 打たせていただく

例 早急に手を打たせていただきます。

うつす【移す】

尊 移される／お移しになる／お移しなさる

例 先生は住まいをお移しになるそうです。

謙 お移しする／お移しいたす／お移し申し上げる／移させていただく

例 お荷物をあちらへ移させていただきました。

うつる【移る】

尊 移られる／お移りになる／お移りなさる

例 いつ大阪へお移りになったのですか。

謙 移らせていただく

例 長らくお世話になりましたが、4月より本社へ移らせていただきます。

うながす【促す】

尊 促される／催促される／催促なさる

例 部長は、新入社員に対してもっと積極的に発言するよう促された。

謙 催促いたす／（ご）催促申し上げる／催促させていただく

例 （ご）催促申し上げたようで、誠に恐縮です。

参考 「促す」は謙譲表現の形をとりにくいため、かわりに「催促する」などが使われることが多い。

うまれる【生まれる】

尊 お生まれになる／お生まれなさる

例 先月、お子様がお生まれになったそうです。

参考 「生まれる」の謙譲表現は使われない。

うめる【埋める】

尊 埋められる／お埋めになる／お埋めなさる

例 仕事に打ち込むことで、心の穴をお埋めになった。

謙 お埋めする／お埋めいたす／お埋め申し上げる／埋めさせていただく

例 田中課長の抜けた穴を必ずお埋めいたします。

うらぎる【裏切る】

尊 裏切られる

例 長年、苦労をともにされたご友人を裏切られるのですか。

参考「裏切る」の謙譲表現は使われない。

うらなう【占う】

尊 占われる

例 勝負の行方を占われた。

謙 占わせていただく

例 トランプであなたの運勢を占わせていただきます。

うらむ【恨む】

尊 恨まれる／お恨みになる／お恨みなさる

例 まだ、あのときのことをお恨みになっているのですか。

謙 お恨みする／お恨みいたす／お恨み申し上げる

例 お恨み申し上げることなどございません。

うる【売る】

尊 売られる／お売りになる／お売りなさる／譲られる／お譲りになる／お譲りなさる

例 家をお売りになったのですか。

謙 お売りする／お売りいたす／お売り申し上げる／売らせていただく／お譲りする／お譲りいたす／お譲り申し上げる／譲らせていただく

例 ご希望の価格でお譲りします。

参考「売る」は、婉曲《えんきょく》表現の「譲る」で代用されることも多い。

Point 「譲る」の使い方に注意

とくに、「売ります」「売ってほしい」という意を表すとき、「譲る」は好んで使われる。ただし、「譲る」には「無料で与える」「売る」の両方の意味があるため、使う際は十分注意すること。

例「『譲ります』のチラシを見てきました」
「特別に3万円でお譲りしますよ」
「(なんだ。タダじゃないんだ…)」

え

えがく【描く】

尊 **描かれる／描かれる／お描きになる／お描きなさる**

例 部長がお描きになった絵を拝見して参りました。

謙 **描かせていただく／描かせていただく**

例 今回は、先生のご指示通りに描かせていただきました。

えらぶ【選ぶ】

尊 **選ばれる／お選びになる／お選びなさる**

例 たくさんの作品の中からお選びになる。

謙 **お選びする／お選びいたす／お選び申し上げる／選ばせていただく**

例 私がお選びいたしましょう。

命令・依頼 **～してほしい**

尊 **選んでください／お選びください／選んでくださいますか／お選びくださいますか**

例 お好きな色をお選びください。

謙 **選んでいただけますか／お選びいただけますか／お選び願いますか／お選び願えますか**

例 適当な包装紙を選んでいただけますか。

えんじょ【援助】

尊 **ご援助／ご支援／お力添え**

例 皆様のご支援のおかげで、何とか持ちこたえることができました。

例 どうかお力添えを願えませんでしょうか。

えんじる【演じる】

尊 **演じられる／お演じになる／お演じなさる**

例 今回、主役を演じられるそうです。

謙 **演じさせていただく**

例 王の役を演じさせていただきます。

えんりょする【遠慮する】

尊 **遠慮される／遠慮なさる／ご遠慮なさる**

例 遠慮なさらずに、どんどん召し上がってください。

謙 **遠慮いたす／ご遠慮いたす／ご遠慮申し上げる／遠慮させていただく**

例 せっかくのお誘いですが、遠慮させていただきます。

参考「遠慮する」は、身を控える意の婉曲《えんきょく》な表現。依頼を断ったり禁止を促したりする際によく使われる。

命令・依頼 **～してほしい**

尊 **遠慮してください／ご遠慮ください／遠慮してくださいますか／ご遠慮くださいますか／お控えください／お控えくださいますか**

例 店内での携帯電話の使用は、ご遠慮くださいますか。

謙 **遠慮していただけますか／ご遠慮いただけますか／ご遠慮願います／ご遠慮願えますか／お控えいただけますか／お控え願えますか**

例 セール品につき、返品はご遠慮願えますか。

お

お（ご）ー【御】 尊 謙 他

❶相手の持ち物、行為や状態などについて、尊敬を表す。

例 ご住所とお電話番号を伺ってもよろしいですか。

例 先生のお話を伺いました。

例 お小さいご子息がいらっしゃいます。

❷自分の行為のうち、相手に関係するものについて、謙譲を表す。

例 こちらからお電話いたします。

❸ことばを、丁寧にしたり上品にしたりする。

例 お値段はいかほどになりますか。

例 大変お暑うございます。

参考 尊敬語「お」「ご」は、「〜になる」「〜なさる」などと組み合わせて、付け足し型の尊敬表現となる。

謙譲語「お」「ご」は、「〜する」「〜いたす」「〜申し上げる」などと組み合わせて、付け足し型の謙譲表現となる。

「お」は「おん」（↓52ページ）よりもやや敬意が軽い。

お（ご）〜あそばす【御〜遊ばす】 尊

「〜する」の尊敬表現。

例 ご令息はご婚約あそばしました。

例 社長が海外出張からお帰りあそばしました。

参考「お（ご）〜なさる」よりも敬意が高い。おもに女性が用いる。やや古風な表現。

おい【甥】

尊 甥御《おいご》

例 甥御さんは今年でおいくつになられましたか。

参考 自分の側についていう場合は、敬意を含まない「甥」、または「甥っ子」などが使われる。

お（ご）〜いたす【御〜致す】 謙

「〜する」の謙譲表現。

例 今週中にお返事いたします。

例 お席までご案内いたします。

お（ご）〜いただく【御〜頂く】 謙

「〜してもらう」の謙譲表現。

例遠いところまでお越しいただきありがとうございます。

参考この「お（ご）〜いただく」と「〜していただく」は、ともに「〜してもらう」の謙譲語。ただし、「お（ご）〜いただく」のほうが敬意が高い。

例では、これにておいとまいたします。

おいでになる【御出でになる】 尊

❶「いる」の尊敬語。

例ご母堂はおいでになりますか。

❷「行く」「来る」の尊敬語。

例部長がおいでになったらご連絡ください。

参考「いらっしゃる」よりも敬意が高い。「お母様はおいでですか」「どちらへおいでですか」など、「おいで」の形でも使われる。

おいとまする【御暇する】 謙

「帰る」の謙譲語。相手の前から立ち去る。

おう【翁】 尊

❶老年の男性をうやまっていう語。

例翁の偉大なる業績。

❷老年の男性の名前に付けて、尊敬を表す。

例福沢翁。

おうが【枉駕】 尊

「来ること」の尊敬語。

例枉駕の栄に浴す。

参考「枉」は「まげる」、「駕」は、「乗り物」の意。「乗り物の進む方向をわざわざまげて（＝かえて）来る」ことから。

おうかがいする【御伺いする】 謙

「聞く」「尋ねる」「訪問する」の謙譲表現。

例ご意見をお伺いします。

例明日の午前中にお伺いいたします。

参考 謙譲語「伺う」に、付け足し型の謙譲表現「お〜する」を重ねた二重敬語だが、よく使われる。

おうち【御家・御内】尊

相手の家や家庭をうやまっていう語。

例 あなたのおうちはどちらですか。

参考「おうちへ帰りましょう」のように、美化語としての用法もある。

おうつり【御移り】他

贈り物の入っていた器や風呂敷を返すとき、お礼として中に入れる品を丁寧に言う語。

参考 単に「お返し」ともいう。

おおせ【仰せ】尊

❶「言うこと」「ことば」の尊敬語。

例 ありがたい仰せをいただいた。

❷「言い付け」「命令」の尊敬語。

例 仰せとあらば、どちらへでも参ります。

例 仰せの通りにいたします。

おおせつかる【仰せつかる】謙

「言いつかる」の謙譲語。目上の人から命令を受ける。

例 大役を仰せつかり、大変緊張しております。

参考 やや古風な表現。敬意は非常に高い。

おおせつける【仰せ付ける】尊

「言い付ける」の尊敬語。目上の人が目下の者に命じる。

例 何なりと私に仰せ付けください。

おおせになる【仰せになる】尊

「言う」の尊敬語。

例 会長がそのように仰せになりました。

参考 やや古風な表現。敬意は非常に高い。

おおめだま【大目玉】 他

目上の人からはげしくしかられることを、婉曲《えんきょく》にいう語。

例 商談に遅刻して部長から大目玉を食った。

参考「大目玉を食う」「大目玉を頂戴する」で、目上のおしかりを受ける意。「お目玉」も同義。

おかいあげ【御買い上げ】 尊

「買うこと」の尊敬語。

例 お買い上げいただきましてありがとうございます。

おかくれ【お隠れ】 尊

身分の高い人が「死ぬこと」の尊敬語。

例 ついに帝はお隠れになった。

おかげさま【御陰様】 他

❶「おかげ」の丁寧な言い方。

例 おかげ様で無事卒業することができました。

❷漠然とした感謝の気持ちを示す、挨拶のことば。

例 おかげ様で繁盛しております。

参考「おかげ」は、「他人の助力」の意。❶の「おかげ」は助力の意を持つが、❷の「おかげ」は助力の意をほとんど持たない。

おかた【御方】 尊

人をうやまっていう語。

例 あのお方がそうおっしゃったのですか。

参考「方《かた》」よりも敬意が高い。

おかまい【御構い】 他

相手に対する「もてなし」の丁寧な言い方。

例 何のおかまいもできませんで、申しわけありません。

おかみさん【御内儀さん】 尊

商店の女主人や他人の妻の総称。

参考 現在では、ややぞんざいな印象を与えることもある。

おかわり【御変わり】尊

相手の生活や健康状態の変化をうやまっていう語。

例皆さんとくにお変わりありませんか。

おきづかい【御気遣い】尊

相手の気遣いをうやまっていう語。とくに、相手が自分を心配してくれること。お心遣い。

例どうかお気遣いなさらないでください。

おきな【翁】尊謙

❶老人の敬称。

❷老人が自分をへりくだっていう語。

おきにめす【御気に召す】尊

「気に入る」の尊敬語。

例どちらの色がお気に召しましたか。

おきのどくさま【御気の毒様】他

相手に同情するときや、相手の期待にこたえられなかったときなどに使う、挨拶のことば。

例今回のことは、お気の毒様でございましたね。

参考皮肉を込めて使うこともある。

おくさま【奥様】尊

他人の妻をうやまっていう語。

例失礼ですが、奥様はご在宅でしょうか。

おぐし【御髪】尊

他人の頭や髪の毛をうやまっていう語。

例おぐしを束ねていらっしゃいます。

お（ご）～ください【御～下さい】尊

尊敬表現「お（ご）～くださる」の命令形。相手に何かをしてもらうときなどに使われる。

例説明書をよくお読みください。

例 共同募金にご協力ください。

お（ご）〜くださる【御〜下さる】尊

「〜してくれる」の尊敬表現。

例 どうかご検討くださるようお願い申し上げます。

例 請求書はメールでお送りくださるそうです。

参考 敬意は高い。

おくちよごし【御口汚し】謙

相手にすすめる飲食物をへりくだっていう語。

例 お口汚しにいかがかと思いまして。

参考「口を汚す程度の、少なくて粗末なもの」の意。「お口ふさぎ」も同義のことば。

おくに【御国】尊 他

❶相手の国や出身地をうやまっていう語。

例 失礼ですが、お国はどちらでいらっしゃいますか。

❷「地方」や「郷里」の美化した言い方。

例 お国なまりがなつかしい。

参考「お国なまり」は、その人の故郷のことばのなまりのこと。

おくやみ【御悔やみ】他

「悔やみ」の丁寧な言い方。

例 お悔やみを申し上げます。

参考「悔やみ」は、人の死を惜しみ、残った人に慰めのことばをかけること。

おくりもの【贈り物】

↓おつかいもの（↓41ページ）**・ごしんもつ**（↓94ページ）

おくる【送る】

尊 送られる／お送りになる／お送りなさる

例 だれ宛に書類をお送りになりましたか。

謙 お送りする／お送りいたす／お送り申し上げる／送らせて

いただく

例 都内であれば、無料でお送りいたします。

参考「送る」のかわりに、「送付する」「配送する」などが使われる場合もある。

命令・依頼 ～してほしい

尊 **送ってください／お送りください／送ってくださいますか／お送りくださいますか**

例 今月中に契約書をお送りくださいますか。

謙 **送っていただけますか／お送りいただけますか／お送り願います／お送り願えますか**

例 不良品は下記の住所までお送り願います。

おくる【贈る】

尊 **贈られる／お贈りになる／お贈りなさる**

例 この時計をどなたにお贈りになるのですか。

謙 **お贈りする／お贈りいたす／お贈り申し上げる／贈らせていただく**

例 お祝いに花束を贈らせていただきました。

参考「贈ること」の敬語は次項を参照。

おくること【贈ること】

尊 **(ご)恵贈《けいぞう》／(ご)恵投《けいとう》／(ご)恵与《けいよ》**

例 ご恵贈の品。

例 貴重な資料をご恵投いただきました。

例 松本先生よりご恵与の品々。

謙 **謹呈《きんてい》／進呈《しんてい》／呈上《ていじょう》／拝呈《はいてい》**

例 ご来場の皆様には、粗品を謹呈いたします。

例 会員の皆様には、無料券を進呈いたします。

おこえがかり【御声掛かり】尊

権力者の特別なはからいをうやまっていう語。

例 会長のお声がかりで、新事業がスタートした。

おこし【御越し】尊

「行くこと」「来ること」の尊敬語。

例 昼間はどちらへお越しになりましたか。

例 ようこそお越しくださいました。
例 催事場へお越しの方はエレベーターをご利用ください。

おこなう【行う】

尊 **行われる／される／なさる**
例 これから何をなさいますか。
謙 **いたす／行わせていただく／させていただく**
例 午後から全体の会議をいたします。
参考 「行う」は敬語の形を取りにくいため、「する」などで代用されることが多い。

おこる【怒る】

尊 **お怒《いか》りになる**
例 社長はひどくお怒りになっています。
参考 謙譲表現はあまり使われない。目上の人が怒っている状態をいうことばに、「おかんむり」がある。

おさき【御先】 他

「先」の丁寧な言い方。
例 お先にどうぞ。

おさめる【収める・納める】

尊 **収められる・納められる／お収めになる・お納めになる／お収めなさる・お納めなさる**
例 今回の取り引きで、莫大な利益をお収めになった。
謙 **お収めする・お納めする／お収めいたす・お納めいたす／お収め申し上げる・お納め申し上げる／収めさせていただく・納めさせていただく**
例 権利書は金庫にお収めいたします。

おしえる【教える】

尊 **教えられる／お教えになる／お教えなさる**
例 どちらで日本語をお教えになっていたのですか。

謙 お教えする／お教えいたす／お教え申し上げる／ご案内する／ご案内いたす／ご案内申し上げる／案内させていただく

例 操作方法はのちほどご案内します。

参考 尊敬表現として「ご指導なさる」「ご教示なさる」なども使われる。「身につけさせる」「わからせる」といったニュアンスをもつ「教える」は、目上の人に用いると尊大な印象を与えかねないため、謙譲表現は「案内する」などに置き換えられることも多い。

Point 「お教えする」の使い方に注意

自分が「教える」ときは「お教えする」を使う。ただし、「お教えする」は尊大な印象を与えることもあるため、目上の人に使うときは注意が必要。

例 「今後ともいろいろご指導ください」「私でよろしければ、何でもお教えいたしましょう」

おじぎ【御辞儀】他

頭を下げることの丁寧な言い方。

例 目が合うと、軽くお辞儀をして立ち去りました。

参考 「辞儀」は、頭を下げて礼をすること。

おじゃまする【御邪魔する】謙

「訪問する」の謙譲語。

例 これからお宅におじゃましたいのですが、よろしいですか。

参考 「おじゃまに上がる」ともいう。また、「おじゃまします」「おじゃましました」は、訪問したときや訪問先から帰るときなどの挨拶として使われる。

おすそわけ【御裾分け】他

「すそ分け」の丁寧な言い方。

例 ほんの少しですが、おすそ分けします。

参考 「すそ分け」は、もらい物の一部を人に分けること。「おすそ分け」は「お福分け」ともいう。

お（ご）～する【御～する】 謙

「～する」の謙譲表現。

例 私からお話ししましょう。

例 明日、あらためてご返信します。

参考 敬意は比較的軽い。

おせわ【御世話】 他

「世話」の丁寧な言い方。

例 お世話をさせていただきます。

例 いつもお世話になっております。

参考「お世話になっております」はビジネスシーンで多く使われることば。

おせわさま【御世話様】 他

自分に力をつくしてくれた人に感謝の気持ちを表す、挨拶のことば。

例 どうもお世話様でした。

参考「どうもお世話様」「お世話様でした」などは、何らかのサービスを受けたときに多く使われることば。ただし、敬意は軽いため、目上の人に使うと失礼にあたる。

NG「お世話様」は目上の人には使えない。

×先生、お世話様でした。

○先生、お世話になりました。

おそまつさま【御粗末様】 他

相手が食べ終わったときなどにいう、挨拶のことば。

例 お粗末様でございました。

参考 本来は、相手に出した飲食物をへりくだっていう語。

おそれいる【恐れ入る】 他

❶目上の人に、迷惑をかけて申しわけない気持ちを伝えることば。

例 わざわざお知らせいただき、恐れ入ります。

❷目上の人に、ありがたいと思う気持ちを伝えることば。

例 お褒めいただき、恐れ入ります。

❸（「恐れ入りますが」の形で）相手に何かを頼むときなど

の、クッションことば。

例 恐れ入りますが、隣の窓口へお越しいただけますか。

参考「恐れ入ります」は、相手に何かしてもらったときなど、ビジネスシーンではよく使われることば。「恐縮です」も同義で使われる。

「恐れ入る」は「痛み入る」とほぼ同義のことば。

おそれおおい【恐れ多い】 他

身分の高い人に対して「失礼にあたるのではないか」「もったいない」などの気持ちを表すことば。

例 社長の隣に座らせていただくなど、恐れ多いことでございます。

おそれながら【恐れながら】 他

相手に失礼になる恐れのある発言をするときの、クッションことば。

例 恐れながら申し上げます。

参考「はばかりながら」も同義のことば。

おだいじに【御大事に】 他

病気やけがをしている相手に対していう、挨拶のことば。

例 どうぞお大事になさってください。

おたいらに【御平らに】 他

相手に「楽に座ってください」と促すときの丁寧な言い方。

例 どうぞ、お平らになさってください。

参考「たいら」は「足をくずして楽な姿勢で座ること」の意。

おたち【御立ち】 尊

❶「出発すること」の尊敬語。

例 いつごろお立ちですか。

❷「客が帰ること」の尊敬語。

例 お客様がお立ちです。

おため【御為】 尊

相手の利益になることをうやまっていう語。

例 あなたのおためを思ってのことです。

おちかづき【御近づき】他

知り合って交際することの丁寧な言い方。

例お近づきになれてうれしゅうございます。

例お近づきのしるしに、お食事でもいかがですか。

おちからおとし【御力落とし】尊

「力落とし」の尊敬語。

例どうぞお力落としなさいませんように。

参考多く、お悔やみを述べるときに使う。「力落とし」は、がっかりして、気力がなくなること。

おちからぞえ【御力添え】尊謙

❶相手の援助をうやまっていう語。

例どうかお力添えを願います。

❷自分の援助をへりくだっていう語。

例微力ながら、お力添えいたしましょう。

おつかいだて【御使い立て】謙

「使い立て」の謙譲語。

例お使い立てして申しわけありません。

参考「使い立て」は、人に頼んで用事をしてもらうこと。

おつかいもの【御遣い物】他

「贈り物」の丁寧な言い方。

参考「ご進物」もほぼ同義のことば。

おつかれさま【御疲れ様】他

相手の疲れをねぎらう際の、挨拶のことば。

例今日も一日、お疲れ様でした。

参考ビジネスシーンでは、仕事を終えて帰る人に対する挨拶として、多用される。

おつけ【御付け・御汁】他

「みそ汁」の丁寧な言い方。おみそ汁。

参考中世の女性語（女房ことば）で、飯に付けて並べることからという。

おっしゃる【仰る】 尊

「言う」の尊敬語。

例 どなたがそうおっしゃったのですか。

例 失礼ですが、お名前は何とおっしゃいますか。

おっと【夫】

尊 だんな様／ご主人（様）／ご夫君

例 ご主人様は何時ごろお帰りですか。

参考 「主人」「亭主」「だんな」「うちの人」などは、謙譲表現ではないが、自分の夫をさすことばとしてよく使われる。

おつとめ【御勤め】 他

「勤め」の丁寧な言い方。

例 お勤めはどちらですか。

例 お勤めご苦労様です。

参考 「お勤め品」は、商店などで、値引きをしている商品のこと。

おつれさま【御連れ様】 尊

相手の同伴者をうやまっていう語。

例 お連れ様がロビーでお待ちになっています。

おてかず【御手数】 尊

相手の労力や手間をうやまっていう語。

例 お手数をおかけして申しわけありません。

参考 「おてすう」と読んでも同義。

おてすき【御手透き・御手隙】 他

「手があいていること」の婉曲《えんきょく》な言い方。

例 お手透きの折にでも、お立ち寄りください。

おとうと【弟】

尊 弟君／弟御《おとうとご》／弟さん／賢弟《けんてい》／（ご）令弟《れいてい》

例 弟さんはおいくつでいらっしゃいますか。

謙 **愚弟**《ぐてい》
参考 自分の側についていう場合は、多く、敬意を含まない「弟」が使われる。

おとくいさま【御得意様】 **尊**

ひいきにしてくれる客や、親しくしている取引先をうやまっていう語。

例 お得意様のお宅へ伺ってまいります。

おとす【落とす】

尊 **落とされる**

例 いつごろ定期券を落とされましたか。

謙 **落とさせていただく**

例 近所迷惑になりますので、ボリュームを落とさせていただきます。

おとずれる【訪れる】

尊 **訪**《たず》**ねられる／お訪ねになる／お訪ねなさる／いらっしゃる**

例 妹さんの新居をお訪ねになりましたか。

謙 **お訪**《たず》**ねする／お訪ねいたす／お訪ね申し上げる／訪ねさせていただく／伺う／お伺いする／お伺いいたす**

例 機会があったら、ぜひお訪ねします。

参考 「訪《おとず》れる」は敬語の形をとりにくいため、「訪《たず》ねる」「訪問する」などに言い換えられることが多い。また、尊敬語「いらっしゃる」や、謙譲語「伺う」なども使われる。

おととい【一昨日】

↓いっさくじつ（↓17ページ）

おととし【一昨年】

↓いっさくねん（↓17ページ）

おとも【御供】 **謙**

「供をすること」の謙譲語。

例 私がお供いたしましょう。

参考 「同行する」意だけでなく、目的地まで「連れて行く」

意でも使われる。

おとりはからい【御取り計らい】 尊

相手の措置や処理をうやまっていう語。

例あとはよしなにお取り計らいください。

おどる【踊る】

尊**踊られる**

例タンゴを踊られたことがあるそうですね。

謙**踊らせていただく**

例せっかくなので、一曲だけ踊らせていただきます。

おどろく【驚く】

尊**驚かれる／びっくりされる／びっくりなさる／驚愕《きょうがく》される／驚愕なさる／仰天《ぎょうてん》される／仰天なさる**

例突然のお電話で、驚かれたことでしょう。

謙**びっくりいたす／驚愕いたす／仰天いたす**

例先生の訃報にはびっくりいたしました。

参考「驚く」に謙譲表現はなく、丁寧語「ます」を付けて「驚きました」と言えば失礼にはあたらない。「びっくりする」は「驚く」よりやや軽い印象だが、言い換えの敬語として使うことができる。なお、非常な驚きを示すのであれば、「驚愕いたす」「仰天いたす」などを用いてもよい。

おながれ【御流れ】 尊

目上の人に注いでもらう酒をうやまっていう語。

例課長のお流れを頂戴いたします。

参考本来は、貴人が飲んだ杯に残った酒、または貴人が飲んだ杯で飲む酒をいう。

お（ご）～なさる【御～なさる】 尊

「～する」の尊敬表現。

例お父上はさぞお喜びなさることでしょう。／いつこちらをご出発なさいますか。

参考「お（ご）～になる」とほぼ同様に使えるが、「お（ご）～なさる」のほうがやや改まった印象になる。

お（ご）～にあずかる【御～に与る】謙

「～してもらう」の謙譲表現。

例お褒めにあずかり光栄でございます。

例ご紹介にあずかりました林でございます。

参考 敬意は非常に高い。

お（ご）～になる【御～になる】尊

「～する」の尊敬表現。

例お客様は先ほどお帰りになりました。

例部長はご出発になりました。

参考「なる」を尊敬の形「なられる」にした「お（ご）～なられる」は二重敬語。「お（ご）～になる」のほうが望ましいが、実際にはかなり使われている。

お（ご）～ねがう【御～願う】謙

「～してもらう」の謙譲表現。

例開会の5分前までにお集まり願います。

例ご来場の皆様、どうぞご起立願います。

おはこび【御運び】尊

「行くこと」「来ること」の尊敬語。

例遠くまでお運びをいただき、大変恐縮です。

おひきたて【御引き立て】尊

目上の人などが目をかけ、ひいきにすることをうやまっていう語。

例変わらぬお引き立てのほど、よろしくお願い申し上げます。

おひきとり【御引き取り】尊

「立ち去ること」の尊敬語。

例今日のところはどうかお引き取りください。

おひきまわし【御引き回し】尊

「指導すること」「世話をすること」の尊敬語。

例よろしくお引き回しのほどお願いいたします。

おひらき【御開き】他

祝宴や会合などが終わることをいう忌《い》みことば。

例 そろそろお開きにいたしましょう。

参考「終わる」「帰る」などの語をさけていう。

おひろめ【御披露目】他

「披露《ひろう》すること」の丁寧な言い方。

例 新作を皆様にお披露目いたします。

参考「おひろめ」は本来「お広め」で、広く知らせる意。

おぼえる【覚える】

尊 記憶される／記憶なさる／ご記憶になる／頭に入れられる／心に留められる

例 皆様も記憶なさっていることと思います。

謙 記憶いたす

例 たしかあの方とは、半年ほどご一緒したと記憶いたしております。

参考「覚える」は敬語の形をとりにくいため、「記憶する」「頭に入れる」「心に留める」などに言い換えるのがふつう。

おぼしめす【思し召す】尊

「思う」「考える」の尊敬語。

例 哀れと思し召すなら、どうかお力をお貸しください。

参考「思う」の尊敬語「おぼす」に「めす」を付け、敬意を強めたことば。敬意は非常に高く、日常的にはあまり使わない。

おまちどおさま【御待ち遠様】他

待たせた相手にお詫《わ》びの気持ちを込めていう、挨拶のことば。

例 おまちどおさま、それじゃ行きましょうか。

参考 敬意が軽いため、目上の人に対して使うと失礼に当たる。

NG「おまちどおさま」は目上の人には使えない。

× 課長、おまちどおさまでした。

○ 課長、お待たせいたしました。

おみ―【御御】 尊
相手の持ち物や行為について、尊敬を表す。
例 おみ足。
参考 接頭語の「お（御）」と「み（御）」を重ねたもの。「おみくじ」も、「籤《くじ》」に尊敬を表す「御御《おみ》」を付けた語。ただし、現在はほとんど敬意が失われている。

おみうけする【御見受けする】 謙
❶「見かける」の謙譲語。
例 このあたりではお見受けしないお方です。
❷「判断する」「見抜く」の謙譲語。
例 かなりの腕前とお見受けしました。

おみえになる【御見えになる】 尊
「来る」の尊敬語。
例 今日はどなたがお見えになるのですか。
参考 「見える」だけでも尊敬語。本来、尊敬表現「お～になる」を使った「お見えになる」は二重敬語だが、慣用として使われる。

おみしりおき【御見知り置き】 他
「私のことを覚えていてください」という意味の、挨拶のことば。
例 以後、どうぞお見知りおきください。
参考 初対面の相手に用いる。

おみみにいれる【御耳に入れる】 謙
目上の人に内密に「話して聞かせる」意の謙譲語。
例 ぜひお耳に入れておきたいことがございます。

おみみにはいる【御耳に入る】 尊
「聞こえる」「情報を得る」の尊敬語。
例 すでにお耳に入っていることと思います。

おめがねにかなう【御眼鏡にかなう】 尊
「認められる」「気に入られる」の尊敬語。

例 果たしてお客様のお眼鏡にかないますかどうか。

おめしかえ【御召し替え】 尊

「着がえること」「着がえる着物」の尊敬語。

例 新婦のお召しかえ。

例 お客様、お召しかえを持って参りました。

おめしになる【御召しになる】 尊

「着る」「呼ぶ」の尊敬語。

例 お着物をお召しになっているのが奥様です。

例 王が私をお召しになりました。

参考「召す」だけでも尊敬語。本来、尊敬表現「お～になる」を使った「お召しになる」は二重敬語だが、慣用として使われる。

おめしもの【御召し物】 尊

「着物」「衣服」の尊敬語。

例 お客様、お召し物が汚れます。

おめだま【御目玉】 他

↓おおめだま（↓33ページ）

おめでた【御目出度・御芽出度】 他

「めでたいできごと」「祝うべきできごと」の丁寧な言い方。

例 お嬢様がおめでただそうですね。

参考 とくに、結婚・妊娠・出産などの婉曲《えんきょく》な言い回しとして使われる。

おめどおり【御目通り】 謙

「会うこと」の謙譲語。

例 王へのお目通りが許された。

参考 敬意が非常に高いため、日常的には使われない。

おめにかかる【御目にかかる】 謙

「会う」の謙譲語。

例 また、お目にかかりたく存じます。

参考「お目にかかる」は、「会う」に付け足し型の謙譲表現

「お～する」を用いた「お会いする」よりも敬意が高い。

おめにかける【御目にかける】 謙

「見せる」の謙譲語。

例 機会があれば、お目にかけましょう。

おめにとまる【御目に留まる】 尊

目上の人が注目することをうやまっていう語。

例 お目に留まった品がございましたら、お申し付けください。

おもいつく【思いつく】

尊 思いつかれる

例 いい案を思いつかれましたね。

参考 「思いつく」の謙譲表現は使われない。

おもう【思う】

尊 思われる／お思いになる／お思いなさる／思《おぼ》し召す／考えられる／お考えになる／お考えなさる

例 さぞかし不審に思われたことでしょう。

謙 存じる／存じ上げる

例 お元気でお過ごしのことと存じます。

参考 尊敬語の「思し召す」は、古風で非常に敬意が高い。日常的にはあまり使われない。

相手の意見を聞く場合、「思う」のかわりに「考える」なども使われる。

謙譲語の「存じ上げる」は、「存じる」よりも敬意が高い。また、ともに「知る」の謙譲語としても使われる。

Point 意見を聞くときは「考える」を使う

相手の意見や感想を聞くような場合、「お思いになる」よりも「お考えになる」を使うことが多い。

例
「予算の削減案について、どのようにお考えになりましたか」
「ええ。やむを得ないと思います」

お（ご）～もうしあげる【御～申し上げる】謙

「～する」の謙譲語。

例よろしくお願い申し上げます。

参考敬意は高い。

おもうしこし【御申し越し】尊

相手が手紙などで言ってきたことを、うやまっていう語。

例お申し越しの件については、検討させていただきます。

参考この「申す」に謙譲の意味はない。

おもたせ【御持たせ】他

来客の持ってきた手土産《みやげ》の丁寧な言い方。その客に出すときに使う。

例お持たせで恐縮ですが、どうぞ召し上がってください。

参考「お持たせ物」ともいう。

よその人からもらった場合は、「頂戴《ちょうだい》物」「到来《とうらい》物」「いただき物」などという。

おもとめになる【御求めになる】尊

「買う」の尊敬語。

例お求めになりやすい価格で提供しております。

参考おもに売り手の側が用いることば。

NG「お求めやすい」は誤り。

×お求めやすい価格になっております。

○お求めになりやすい価格になっております。

おもんじる【重んじる】

尊重んじられる／尊重される／尊重なさる

例先代は、だれよりも伝統を重んじられておいででした。

謙重んじさせていただく／尊重いたす／尊重させていただく

例皆様のご意見を尊重させていただきます。

参考「重んじる」のかわりに、「尊重する」が使われることもある。

おや【親】

尊親御《おやご》さん／ご両親

例 親御さんはお元気でいらっしゃいますか。

参考 「親御さん」の敬意はやや軽い。自分の側についていう場合は、敬意を含まない「親」や「両親」「二親《ふたおや》」「父と母」などが使われる。

おやすみになる【御休みになる】尊

「寝る」の尊敬語。

例 昨日は何時にお休みになりましたか。

参考 「休む」は、「寝る」の婉曲《えんきょく》な表現。

およばずながら【及ばずながら】謙

人を手助けするときなどに、へりくだっていう語。

例 及ばずながら、お手伝いしましょう。

参考 「十分ではないが」の意。

およばれ【御呼ばれ】他

相手に招待されたり、ごちそうされたりすることの丁寧な言い方。

例 昨晩は先生のお宅にお呼ばれしました。

およびたて【御呼び立て】謙

「呼び立て」の謙譲語。

例 お忙しいところお呼び立てしてすみません。

参考 「呼び立て」は、わざわざ相手を呼び出すこと。

おられる【居られる】他

「いる」の荘重な言い方。

例 祠《ほこら》には、森の神様がおられるそうです。

参考 地域によっては、「いらっしゃる」とほぼ同義の尊敬語として使われる。

おりる【下りる・降りる】

尊 下りられる・降りられる／お下りになる・お降りになる／お下りなさる・お降りなさる

例 部長はエレベーターでお下りになったようです。

謙 下りさせていただく・降りさせていただく

例 私はこの件から降りさせていただきます。

おる【居る】謙

「いる」の謙譲語。

例 上にふたりの姉がおります。

参考「ドアは開いておりました」など、「～ております」の形で使われる丁寧語の用法もある。地域によっては、「いる」とほぼ同義で使われる。

NG「おる」を相手に使うのは誤り。

×ご主人様はおりますか。

○ご主人様はいらっしゃいますか。

おれい【御礼】他

「礼」の丁寧な言い方。

例 ぜひお礼をさせてください。

おれきれき【御歴歴】尊

身分や地位の高い人たちをうやまっていう語。

例 本日は各界のお歴々をお招きしております。

おん―【御】尊

おもに名詞について、尊敬を表す。

例 御社。御身《おんみ》。御礼《おんれい》。

参考「おおみ（大御）」の転である「おおん」がつまったもの。「おおん」は神や天皇に関することばについて、非常に高い敬意を表す。「お」（↓30ページ）よりも改まったことば。

おんしゃ【御社】尊

相手の会社をうやまっていう語。

例 先日、御社の佐藤部長にお会いいたしました。

参考「貴社」も同義のことば。

おんたい【御大】他

団体の長などを、親しみを込めて呼ぶことば。

例 さあ、御大のお出ましだ。

参考 敬意は軽い。

おんちゅう【御中】 尊

会社や団体に宛てて書くとき、名前の下に添えて敬意を表す語。

例 辞典編集部御中。

おんみ【御身】 尊

相手の体をうやまっていう語。

例 御身を大切になさってください。

か

かいさいする【開催する】

尊 開催される／開催なさる

例 御社が開催されたイベントの資料をいただけますか。

謙 開催いたす／開催させていただく

例 この秋に展示会を開催いたします。

かいしゃ【会社】

尊 御社《おんしゃ》／貴社

例 先日、御社の方からお電話をいただきました。

謙 弊社《へいしゃ》／小社／当社／私ども／手前ども

例 全て私どもでご用意させていただきます。

参考 「当社」はおもに書きことばとして使う。

がいする【害する】

尊 害される／悪くされる／悪くなさる

例 気分を害されたのなら謝ります。

参考 尊敬表現は、「悪くする」などで代用されることもある。謙譲表現は使われない。

かいそうする【会葬する】

尊 会葬される／会葬なさる／ご会葬になる／ご会葬なさる

例 会葬される方はこちらの列にお並びください。

謙 会葬いたす／会葬させていただく

例 父に代わり、私が会葬させていただきます。

かいよう【海容】

尊 ご海容

例 何とぞご海容ください。

参考 「海容」は、海のように広い心で、人の過ちを許すこと。「ご海容」とほぼ同義のことばに、「ご寛恕《かんじょ》」「ご勘弁《かんべん》」「ご容《よう》赦《しゃ》」などがある。

かう【買う】

尊 買われる／お買いになる／お求めになる／お買い求めになる／お買い上げになる

例 乗車する前に特急券をお買い求めください。

謙 買わせていただく

例 専門書は高値で買わせていただきます。

参考 「求める」は、「買う」の婉曲《えんきょく》な表現としてよく使われる。商店や百貨店などでは、尊敬表現として「お買い求めになる」のほか、「お買い上げになる」もよく使われる。「買う」の謙譲表現はあまり使われないが、売り手が目上の場合や、店側が買い取る場合などには「買わせていただく」が使われる。

Point 相手には婉曲な「お求めになる」を使う

買った場所を相手に尋ねるときなど、「買われる」「お買いになる」ではなく、「お求めになる」を使うとより丁寧。

例 「すてきなブローチね。どちらでお求めになったの？」「この前、ドイツで買ったのよ」

かう【飼う】

尊 飼われる／お飼いになる／お飼いなさる

例 新たに犬を飼われてはいかがですか。

参考 謙譲表現はあまり使われない。

かうこと【買うこと】

尊 お買い上げ

例 1ダースお買い上げのお客様には、粗品を差し上げております。

かえす【返す】

尊 返される／お返しになる／お返しなさる

例 お返しになるときは、袋にお入れください。

謙 お返しする／お返しいたす／お返し申し上げる／返させていただく

例 借りていた本をお返しいたします。

参考 「返す」のかわりに、「返却する」が使われる場合もある。

命令・依頼 ～してほしい

尊 返してください／お返しください／返してくださいますか／お返しくださいますか

例 今月の15日までにお返しください。

謙 返していただけますか／お返しいただけますか／お返し願います／お返し願えますか

例 本はもとの場所にお返しいただけますか。

不可能 ～できない

謙 お返しできません／お返ししかねます／お返しいたしかねます

例 いただいた書類は、お返しいたしかねます。

かえる【変える】

尊 変えられる／お変えになる／お変えなさる

例 先輩は、最近髪型を変えられましたね。

謙 変えさせていただく

例 一部、予定を変えさせていただきます。

参考 「変える」のかわりに、「変更する」「改める」などが使われる場合もある。

かえる【帰る】

尊 **帰られる／お帰りになる／お帰りなさる／戻られる／お戻りになる／お戻りなさる**

例 お父様は何時ごろお帰りになりますか。

謙 **帰らせていただく／失礼する／失礼いたす／失礼させていただく／おいとまする／おいとまいたす／おいとま申し上げる／戻らせていただく**

例 私はそろそろ失礼いたします。

参考 もとの場所に帰る意の尊敬語では、「戻る」も使われる。相手に帰るよう促すときは、「引き取る」を使った「お引き取りください」なども使われる。
その場から立ち去る意の謙譲語としては、「失礼する」や「おいとまする」がよく使われる。

Point 謙譲語の「失礼する」を使う

その場からひと足先に帰る場合など、「帰らせていただく」ではなく、「失礼する」「おいとまする」を使うとより丁寧。

例 「もうお帰りになるのですか？」
「ええ、明日の朝早いので失礼いたします」

かお【顔】

尊 **お顔／（ご）尊顔**

例 ご尊顔を拝し、大変光栄でございます。

参考 「ご尊顔を拝する」は、「お目にかかる」などと同義で「会う」意。ただし、敬意が非常に高いため、使用される場面は限られる。

かかえる【抱える】

尊 **抱えられる／お抱えになる／お抱えなさる**

例 予算のやりくりに頭をお抱えになる。

参考 謙譲表現は使われない。

命令・依頼 ～してほしい

尊 **抱えてください／お抱えください／抱えてくださいますか／お抱えくださいますか**

例 リュックサックは前にお抱えください。

謙 抱えていただけますか／お抱えいただけますか／お抱え願います／お抱え願えますか

例 荷物を一緒に抱えていただけますか。

かかげる【掲げる】

尊 掲げられる

例 会長は、世界平和の理想を掲げられた。

謙 掲げさせていただく

例 スローガンを掲げさせていただきます。

かかわる【関わる】

尊 関わられる

例 金銭的な問題には、関わられないほうがよろしいと思います。

謙 関わらせていただく

例 その件には、深く関わらせていただきました。

かく【書く】

尊 書かれる／お書きになる／お書きなさる

例 必要事項をお書きになりましたか。

謙 お書きする／お書きいたす／お書き申し上げる／書かせていただく

例 書類は私が書かせていただきます。

参考 「書く」のかわりに、「記《しる》す」「記入する」なども使われる。

命令・依頼 ～してほしい

尊 書いてください／お書きください／書いてくださいますか／お書きくださいますか

例 ご住所とお名前をお書きください。

謙 書いていただけますか／お書きいただけますか／お書き願います／お書き願えますか

例 用紙の裏に感想をお書きいただけますか。

問いかけ ～しているか

謙 書かれていますか／お書きですか／書いていらっしゃいますか／書いておいでですか

例今は、どのような小説をお書きですか。

禁止 ～しないでくれ

尊お書きにならないでください／お書きになりませんよう／お書きくださいませんよう

例欄外には何もお書きにならないでください。

かぐ【嗅ぐ】

尊嗅がれる／お嗅ぎになる／お嗅ぎなさる

例近づいて花の香りをお嗅ぎになってみてください。

謙嗅がせていただく

例失礼してにおいを嗅がせていただきます。

かくい【各位】尊

多くの人々の中の、一人一人の人をうやまっていう語。

例会員各位。関係者各位。

参考「様」はつけない。

かくす【隠す】

尊隠される／お隠しになる／お隠しなさる／伏せられる／お伏せになる／お伏せなさる

例何かを隠されているご様子です。

謙お隠しする／お隠しいたす／お隠し申し上げる／隠させていただく／お伏せする／お伏せいたす／お伏せ申し上げる／伏せさせていただく

例実名は伏せさせていただきます。

参考「隠す」は、「伏せる」で代用されることも多い。

かくにんする【確認する】

尊確認される／確認なさる／ご確認になる／ご確認なさる

例記載事項については、すでに部長が確認なさいました。

謙確認いたす／ご確認する／ご確認いたす／ご確認申し上げる／確認させていただく

例ご住所とお電話番号をご確認いたします。

命令・依頼 ～してほしい

尊確認してください／ご確認ください／確認してくださいま

すか／ご確認くださいますか

例 あらかじめ、先様《さきさま》の意向をご確認くださいますか。

謙 **確認していただけますか／ご確認いただけますか／ご確認願いますか／ご確認願えますか**

例 書類をいま一度ご確認願えますか。

不可能 **〜できない**

謙 **ご確認できません／ご確認しかねます／ご確認いたしかねます**

例 私どものほうではご確認いたしかねます。

がくふ【岳父】

尊 **ご岳父**

参考「岳父」は、妻の父。しゅうと。「岳父」だけでも、敬称として使われることもある。

かくれる【隠れる】

尊 **隠れられる／お隠れになる／お隠れなさる**

例 万一のときは、物置にお隠れになるのがよいでしょう。

参考「お隠れになる」は、高い身分の人が死ぬ意の尊敬語としても使われる。謙譲表現はあまり使われない。

かけつける【駆け付ける】

尊 **駆け付けられる**

例 課長は急いで空港へ駆け付けられた。

謙 **馳《は》せ参《さん》じる**

例 本日はお祝いに馳せ参じました。

参考「馳せ参じる」は、もともと、目上の人の所へ馬を走らせて参上する意。

かこむ【囲む】

尊 **囲まれる／お囲みになる／お囲みなさる**

例 注文の品を丸で囲まれる。

謙 **囲ませていただく**

例 工事の前に、ご自宅のまわりをシートで囲ませていただきます。

かさねる【重ねる】

尊 重ねられる

例 何度も交渉を重ねられたそうです。

謙 重ねさせていただく

例 荷物を重ねさせていただいてもよろしいですか。

かざる【飾る】

尊 飾られる／お飾りになる／お飾りなさる

例 部屋にクリスマスツリーをお飾りになった。

謙 お飾りする／お飾りいたす／お飾り申し上げる／飾らせていただく

例 いただいた絵は、大切に飾らせていただいております。

かしこ

女性が手紙の終わりに用いる、挨拶のことば。

参考 古語の形容詞「かしこし」の語幹で、「おそれおおい」の意。

かしこまる【畏まる】 謙

(「かしこまりました」の形で)「わかる」「引き受ける」の謙譲語。おもに、客や目上の人からの用件に対する返事として用いられる。

例 はい、かしこまりました。

参考 もともと、「目上の人のことばを、つつしんで受ける」の意。敬意は高い。

かしら【頭】

尊 御頭《おかしら》／御大《おんたい》

例 御大にお出まし願いましょう。

参考 この「かしら」は、集団の上に立つ人の意。「御大」は、親しみを込めて呼ぶことば。敬意は軽い。

かす【貸す】

尊 貸される／お貸しになる／お貸しなさる

例 空いているお部屋をお貸しになってはいかがですか。

謙 お貸しする／お貸しいたす／お貸し申し上げる

例 傘をお貸しいたしましょうか。

命令・依頼 ～してほしい

尊 **貸してください／お貸しください／貸してくださいますか／お貸しくださいますか**

例 お力をお貸しくださいますか。

謙 **貸していただけますか／お貸しいただけますか／お貸し願います／お貸し願えますか**

例 恐れ入りますが、傘をお貸し願えますか。

不可能 ～できない

謙 **お貸しできません／お貸ししかねます／お貸しいたしかねます**

例 持ち出し禁止の書物なので、お貸しいたしかねます。

禁止 ～しないでくれ

尊 **お貸しにならないでください／お貸しになりませんよう／お貸しくださいませんよう**

例 外部の方にはお貸しにならないでください。

かせぐ【稼ぐ】

尊 **稼がれる／お稼ぎになる／お稼ぎなさる**

例 かなりの金額をお稼ぎになっているようです。

謙 **稼がせていただく**

例 おかげ様で稼がせていただいております。

かぞえる【数える】

尊 **数えられる**

例 今日が来るのを、指折り数えられてきたそうです。

謙 **数えさせていただく**

例 同行する方たちの人数を数えさせていただきます。

かぞく【家族】

尊 **ご家族（様）／ご一同（様）**

例 ご家族の皆様もお元気ですか。

謙 **家の者**

例 家の者も皆、楽しみにしております。

参考 自分の側についていう場合は、敬意を含まない「家族一同」なども使われる。

かた【方】 尊

「人」の尊敬語。

例 ご質問のある方は手を上げてください。

例 あちらの方はどなた様でいらっしゃいますか。

参考 相手の側の人をさしていう。

NG 自分の側の人間に「方《かた》」を使うのは誤り。

× 受付にいる方にお尋ねください。

○ 受付にいる者にお尋ねください。

ーがた【方】 尊

複数の人に対する敬意を表すことば。

例 皆様方。先生方。ご婦人方。あなた方。おえら方。

かたがた【方々】 尊

「人々」の尊敬語。

例 ご臨席の方々。ご見学の方々。お集まりの方々。

かたじけない【忝い・辱い】 謙

相手の好意や親切に対する感謝の気持ちを、へりくだっていう語。おそれ多くもったいない。

例 ご親切にかたじけなく存じます。

参考 やや古風な表現。

かたづける【片付ける】

尊 片付けられる／お片付けになる／お片付けなさる

例 少しはお部屋をお片付けになったほうがよろしいですよ。

謙 お片付けする／お片付けいたす／お片付け申し上げる／片付けさせていただく

例 パーティーでお使いになった食器を片付けさせていただきます。

かたむける【傾ける】

尊 傾けられる／お傾けになる／お傾けなさる

例 野球に情熱を傾けられています。

謙 傾けさせていただく

例お嬢様のピアノに耳を傾けさせていただきました。

かためる【固める】

尊固められる／お固めになる／お固めなさる

例いよいよ決心をお固めになった。

謙固めさせていただく

例近日中に内容を固めさせていただきます。

かつ【勝つ】

尊勝たれる／お勝ちになる／勝利される／勝利なさる

例前回勝たれた相手ですから、今回も大丈夫でしょう。

謙勝たせていただく

例このつぎは必ず勝たせていただきます。

がっかりすること

尊お力落とし

例どうかお力落としなさいませんよう。

かつぐ【担ぐ】

尊担がれる／お担ぎになる／お担ぎなさる

例お神輿《みこし》をお担ぎになったのですか。

謙担がせていただく

例全員で担がせていただきます。

がっけい【学兄】尊

同じ学問をしている友人に対する敬称。

参考おもに、手紙文で用いる。

がっこう【学校】

尊貴校

謙当校

参考謙譲語ではないが、自分の属する学校をさす「本校」もよく使われる。

かつやく【活躍】

尊ご活躍

例 ますますのご活躍をお祈り申し上げます。

参考 「ご活躍」とほぼ同義のことばに、「ご発展」「ご躍進」「ご繁栄」「ご隆盛」などがある。

かなえる【叶える】

尊 かなえられる

例 先生は、夢をついにかなえられた。

謙 かなえさせていただく

例 皆様のお力をお借りして、望みをかなえさせていただきました。

参考 「かなえる」のかわりに、「実現する」なども使われる。

かなしむ【悲しむ】

尊 悲しまれる／お悲しみになる／お悲しみなさる／嘆かれる／お嘆きになる／お嘆きなさる

例 知らせを聞いて大変に悲しまれたそうです。

参考 「悲しむ」のかわりに、「嘆く」なども使われる。「悲しい」の謙譲表現はない。自分も悲しいことを相手に伝える場合は、丁寧語を用いて「悲しいです」「悲しゅうございます」などと言うのがふつう。

かのう【嘉納】尊

「受け取ること」の尊敬語。目上の人が贈り物や進言などを受け取る意。

例 献上品をご嘉納になった。

例 ご嘉納あらせられる。

参考 多く、「ご嘉納」の形で使う。

かばう【庇う】

尊 かばわれる／おかばいになる／おかばいなさる

例 右足をかばわれているご様子です。

参考 「かばう」の謙譲表現は使われない。

かぶる【被る】

尊 被られる／お被りになる／お被りなさる

例 すべてを承知で罪を被られた。

謙 **被らせていただく**
例 失礼して、帽子を被らせていただきます。

かぶん【寡聞】謙

見識がせまいこと、自分の知識が少ないことをへりくだっていう語。
例 寡聞にして存じません。
例 浅学寡聞の身です。

かまう【構う】

尊 **構われる／お構いになる／お構いなさる／気を遣われる／気をお遣いになる／気をお遣いなさる／気遣われる／お気遣いなさる**
例 私のことなど、お構いになりませんよう。
謙 **お構いする／お構いいたす／お構い申し上げる**
例 お構いする余裕もなく、申しわけありません。
参考 目上の行為に対しては、多く「気を遣う」「気遣う」などが用いられる。

がまんする【我慢する】

尊 **我慢される／我慢なさる／辛抱される／辛抱なさる**
例 辛抱なさった甲斐がありましたね。
謙 **我慢いたす／辛抱いたす**
例 あとわずかですから辛抱いたしましょう。
参考「我慢する」のかわりに、「辛抱する」が使われることが多い。

かみ【髪】

尊 **御髪《おぐし》**
例 おぐしが乱れていらっしゃいます。

かよう【通う】

尊 **通われる／お通いになる／お通いなさる**
例 どちらの書道教室に通われていたのですか。
謙 **通わせていただく**
例 社長のご配慮で、夜間はビジネススクールへ通わせていただいております。

からだ【体】

尊 **お体／御身《おんみ》**

例 御身を大切になさってください。

参考 「御身」は、手紙などでよく使われることば。

かりる【借りる】

尊 **借りられる／お借りになる／お借りなさる**

例 本を借りられる方はカウンターにお越しください。

謙 **お借りする／お借りいたす／拝借《はいしゃく》する／拝借いたす／拝借させていただく**

例 この場をお借りしてお礼を申し上げます。

例 先生のお知恵をお借りしたいのですが。

参考 謙譲語の「拝借する」は「お借りする」よりも敬意が高く、相手がかなり目上の場合など、使う場面も限られる。

Point 自分が借りるときは「お借りする」

何かを借りたいときは、「お借りしたい」を用いるのが一般的。また、「貸す」を使った「お貸しいただきたい」などども使われる。敬意の高い「拝借する」は、やや改まった印象になる。

例
「書くものをお借りしたいのですが」
「こちらのペンをお使いください」
「すみません。お借りします」

かわす【交わす】

尊 **交わされる／お交わしになる／お交わしなさる**

例 ご友人とさかずきをお交わしになった。

謙 **交わさせていただく**

例 二言三言、ことばを交わさせていただきました。

かわったこと【変わったこと】

尊 **お変わり**

例 その後、お変わりございませんか。

参考 「お変わり」は、相手のことを気遣って、生活や健康状態の変化を尋ねるときのことば。

かわる【変わる】

尊 **変わられる／お変わりになる／お変わりなさる**

例 考えが変わられたようです。

参考 「変わる」の謙譲表現はあまり使われない。

かんがえ【考え】

↓いけん（↓14ページ）

かんがえる【考える】

尊 **考えられる／お考えになる／お考えなさる／思《おぼ》し召す**

例 首相の演説について、どのようにお考えになりましたか。

謙 **考えさせていただく／存じる**

例 お話をいただいて、いろいろ考えさせていただきました。

例 予定通り行うのがよろしいかと存じます。

参考 「思し召す」「存じる」は、それぞれ「思う」の尊敬語、謙譲語としても使われる。「思し召す」は非常に敬意が高く、日常的にはあまり使われない。

命令・依頼 **～してほしい**

尊 **考えてください／お考えください／考えてくださいますか／お考えくださいますか**

例 転職の件、どうかゆっくりお考えください。

謙 **考えていただけますか／お考えいただけますか／お考え願います／お考え願えますか**

例 何か別の案を考えていただけますか。

かんけん【管見】 謙

自分の意見や知識をへりくだっていう語。

例 管見によれば、時期尚早と存じます。

参考 「管《くだ》の穴から見たほどのせまい視野」の意。

かんじょ【寛恕】

尊 **ご寛恕**

例 読者のご寛恕を請う。

参考 「寛恕」は、思いやりがあること、広い心で許すこと。「ご寛恕」とほぼ同義のことばに、「ご海容《かいよう》」「ご勘弁《かんべん》」「ご容赦《ようしゃ》」などがある。

かんじる【感じる】

尊 感じられる／お感じになる／お感じなさる

例 写真をご覧になって、どのようにお感じになりましたか。

参考 謙譲表現は使われない。

がんばる【頑張る】

尊 励まれる／お励みになる／お励みなさる／尽力される／ご尽力になる／ご尽力なさる

例 地域の発展にご尽力なさいました。

謙 努力いたす／努力させていただく／努めさせていただく

例 未熟ではありますが、精一杯努めさせていただきます。

参考 「頑張る」の尊敬表現は「励む」や「尽力する」、謙譲表現は「努力する」や「努める」などに言い換えられることが多い。

NG 目上の行為に「がんばる」を使わない。

× 課長がおがんばりになったおかげです。

○ 課長がご尽力なさったおかげです。

き

き―【貴】尊

相手や相手側の人、物、行為について、尊敬を表す。

例 貴家。貴兄。貴行。貴校。貴紙。貴誌。貴社。貴店。

参考 「とうとい」の意。

―き【貴】尊

人物を示す語のあとについて、軽い敬意を表す。

例 兄貴。姉貴。伯父《おじ》貴。

きい【貴意】尊

相手の意見や考えをうやまっていう語。

例 貴意を得たくお伺いいたします。

参考 多く、手紙文に用いられる。

きか【机下】尊

手紙で、宛名の左下に付けて敬意を表す語。

例 鈴木太郎先生机下

参考「相手の机の下（＝おそば）に差し出す」の意。「硯北《けんぼく》」も同義のことば。

きか【貴下】尊

おもに男性が、同輩または目下をうやまっていう語。

例 貴下のご活躍をお祈り申し上げます。

参考 手紙文などで用いる。

きか【貴家】尊

相手の家や家族をうやまっていう語。

参考「貴宅」「尊宅」「尊堂」もほぼ同義。

きがえ【着替え】

尊 お召しかえ

例 お召しかえはこちらのお部屋でお願いします。

例 お召しかえをお持ちしました。

きかせる【聞かせる】

謙 お聞かせする／お耳に入れる

例 監督のお耳に入れておきたいことがあります。

参考「お耳に入れる」は、目上の人に話して聞かせる意。

きく【聞く】

尊 聞かれる／お聞きになる／お聞きなさる

例 そんなことを社長がお聞きになったら大変だ。

謙 お聞きする／お聞きいたす／聞かせていただく／お尋《たず》ねする／お尋ねいたす／伺《うかが》う／お伺いする／承《うけたまわ》る

例 少々お聞きしてもよろしいでしょうか。

例 その件は森本様より伺っております。

参考 謙譲語の「お伺いする」は二重敬語だが、一般によく使われる。「承る」は、「お聞きする」や「伺う」よりも敬意が高い。また、「承る」は「引き受ける」の謙譲語としても使われる。

Point「お聞きになる」と「お聞きする」

次の例で教授に「聞く」のは先輩だから、尊敬表現「お聞きになる」を使う。謙譲表現で「お聞きしましたか」と尋ねないこと。

例「先輩、教授に来週の予定をお聞きになりましたか?」
「ごめん、忘れてたよ」
「では、私がお聞きしてきます」

きくこと【聞くこと】

尊(ご)清聴《せいちょう》

例ご清聴を感謝いたします。

謙拝聴《はいちょう》／拝聞／拝承

例先生のお言葉を静かに拝聴した。

例ご意見、つつしんで拝承いたします。

参考「拝承」は、「承知すること」の謙譲語としても使われる。

きけい【貴兄】尊

男性が、同輩またはそれに近い間柄の相手をうやまっていう語。

例貴兄にお会いできるのを楽しみにしています。

参考手紙文で用いる。

きげん【機嫌】

尊ご機嫌／ご気分

例ご機嫌はいかがですか。

参考「ご機嫌よう」は、会ったときや別れるときなどにいう挨拶。

きこう【貴行】尊

相手の銀行をうやまっていう語。

例貴行よりお送りいただきました書類を受け取りました。

参考メールや手紙の中で使われることが多い。

きこう【貴校】尊

相手の学校をうやまっていう語。

例貴校のパンフレットをお送りいただけないでしょうか。

参考 メールや手紙の中で使われることが多い。

きこしめす【聞こし召す】 尊

「食べる」「飲む」の尊敬語。

例 部長は、一杯聞こし召してからご帰館のようだ。

参考 現在では、「酒を飲むこと」を、ふざけていう場合がほとんど。

きざむ【刻む】

尊 刻まれる／お刻みになる／お刻みなさる

例 出来事を深く心にお刻みになる。

謙 刻ませていただく

例 石碑にお名前を刻ませていただきました。

きし【貴紙】 尊

相手が発行している新聞をうやまっていう語。

例 先日の貴紙を拝見いたしました。

参考 メールや手紙の中で使われることが多い。

きし【貴誌】 尊

相手が発行している雑誌をうやまっていう語。

例 貴誌をいつも楽しく拝読しています。

参考 メールや手紙の中で使われることが多い。

きしゃ【貴社】 尊

相手の会社をうやまっていう語。

例 貴社にはますますご隆盛の由、お慶び申し上げます。

参考 メールや手紙の中で使われることが多い。

きずく【築く】

尊 築かれる／お築きになる／お築きなさる

例 先代は莫大な財産をお築きになった。

謙 築かせていただく

例 明るい家庭をふたりで築かせていただきます。

きずつく【傷つく】

尊 傷つかれる

例 今回の事件に深く傷つかれたようです。
参考「傷つく」の謙譲表現は使われない。

きたいする【期待する】

尊 期待される／期待なさる／ご期待になる／ご期待なさる／心待ちにされる／心待ちになさる
例 あまり期待なさらないでください。
謙 期待いたす／ご期待いたす／ご期待申し上げる
例 ご活躍を期待いたしております。
参考「期待する」のかわりに、「心待ちにする」などが使われる場合もある。

きたえる【鍛える】

尊 鍛えられる／お鍛えになる／お鍛えなさる
例 長年鍛えられたお体。
謙 お鍛えする／お鍛えいたす／お鍛え申し上げる／鍛えさせていただく
例 ご子息を徹底的に鍛えさせていただきます。

きづかい【気遣い】

尊 お気遣い／お心遣い
例 お気遣いはどうかご無用に願います。

きづく【気付く】

尊 気づかれる／お気づきになる／お気づきなさる
例 荷物がないことにいつごろお気づきになりましたか。
参考「気づく」の謙譲表現は使われない。

きてん【貴店】尊

相手の店をうやまっていう語。
例 これから貴店にお伺いしてもよろしいでしょうか。
参考 メールや手紙の中で使われることが多い。

きでん【貴殿】尊

男性が、同輩または目上をうやまっていう語。
例 ぜひとも貴殿のご意見をお伺いしたい。

きにいる【気に入る】

尊 お気に召す／お眼鏡《めがね》にかなう

例 本日のお料理はお気に召しましたか。
先方のお眼鏡にかなうかどうかは、また別の問題だ。

参考「気に入る」の尊敬表現は、多く、「お気に召す」「お眼鏡にかなう」などに言い換えられる。「気に入られる」はあまり使われない。また、謙譲表現は使われない。

きねんする【祈念する】

尊 祈念される／祈念なさる／ご祈念なさる

例 社長は、社員全員の健康と安全をご祈念なさったそうです。

謙 祈念いたす／ご祈念する／ご祈念いたす／ご祈念申し上げる／祈念させていただく

例 今後の成功と発展をご祈念申し上げます。

参考「祈念する」のかわりに、「祈る」が使われる場合もある。

きのう【昨日】

→さくじつ（→104ページ）

きのどく【気の毒】

尊 お気の毒

例 それはたいそうお気の毒でございましたね。

参考「様」を付けた「お気の毒様」もほぼ同義だが、皮肉を込めて使われることも多い。

きみ【君】

尊 あなた／そちら／あなた様／そちら様

例 ここであなたにお会いできるとは思いませんでした。

例 そちら様はどちらからおいでですか。

参考「あなた」は、同輩または同輩以下に対して用いる語。目上の人に使うと失礼になる。

ーぎみ【君】尊

相手の家族を示す語の下について、敬意を表すことば。

例 父君。母君。兄君。姉君。弟君。妹君。若君。

参考 やや古風な表現。

きめる【決める】

尊 決められる／お決めになる／お決めなさる

例 心をお決めになったのはいつごろですか。

謙 お決めする／お決めいたす／決めさせていただく

例 とりあえず、私どもで決めさせていただきます。

参考 「決める」のかわりに、「決定する」「決断する」などが用いられることもある。

きもち【気持ち】

尊 お気持ち／お心遣い／ご配慮／ご厚志／ご厚情／ご芳志／ご高配

例 お心遣いだけ頂戴いたします。

例 いろいろご配慮いただきありがとうございます。

例 ご厚情のほど深く感謝いたします。

謙 寸志／微意

例 感謝の微意を表させていただきます。

きもの【着物】

↓いふく（↓18ページ）

きゃく【客】

尊 お客様／お得意様

例 お客様のお呼び出しをいたします。

参考 「お得意様」は、ひいきにしてくれるお客様、親しくしている取引先。

きゅうはい【九拝】 他

手紙の終わりに用いる、挨拶のことば。

ぎょ【御】 尊

おもに天皇に関する表現について、尊敬を表す。

例 御衣《ぎょい》。御苑《ぎょえん》。御感《ぎょかん》。御璽《ぎょじ》。御製《ぎょせい》。御物《ぎょぶつ》。御名《ぎょめい》。

きょう【今日】

↓ほんじつ（↓209ページ）

きょうじ【教示】

尊ご教示

例本日は、先生のご教示を賜りたく参上いたしました。

きょうしゅく【恐縮】他

❶（「恐縮ですが」の形で）相手に迷惑をかけたり何かを頼んだりするときの、クッションことば。申しわけなく思う意。

例誠に恐縮ですが、しばらくお待ちください。

❷相手にお礼をいうときの、挨拶のことば。

例丁寧なお返事をいただき、恐縮です。

きょうり【郷里】

↓こきょう（↓91ページ）

きょうりょくする【協力する】

尊協力される／協力なさる／ご協力なさる

例多くの方が募金に協力なさいました。

謙協力いたす／ご協力する／ご協力いたす／ご協力申し上げる／協力させていただく

例いつでもご協力いたします。

命令・依頼 ～してほしい

尊協力してください／ご協力ください／協力してくださいますか／ご協力くださいますか

例共同募金にご協力ください。

謙協力していただけますか／ご協力いただけますか／ご協力願います／ご協力願えますか

例ごみの削減にご協力願います。

NG「ご協力する」を相手に使うのは誤り。

相手の行為に謙譲表現「ご～する」を用いるのは誤り。

×皆様にご協力していただいたおかげで…。

○皆様にご協力いただいたおかげで…。

ぎょっこう【玉稿】尊

相手の原稿をうやまっていう語。

例ぜひとも原田様に玉稿を賜りたくお願い申し上げます。

きる【切る】

尊 切られる／お切りになる／お切りなさる

例 電話をお切りにならずにお待ちください。

謙 お切りする／お切りいたす／お切り申し上げる／切らせていただく

例 半分にお切りしましょうか。

命令・依頼 ～してほしい

尊 切ってください／お切りください／切ってくださいますか／お切りくださいますか

例 髪の毛を短く切ってください。

謙 切っていただけますか／お切りいただけますか／お切り願います／お切り願えますか

例 ひもを切っていただけますか。

不可能 ～できない

謙 お切りできません／お切りしかねます／お切りいたしかねます

例 巻き鮨は、こちらではお切りいたしかねます。

禁止 ～しないでくれ

尊 お切りにならないでください／お切りになりませんよう／お切りくださいませんよう

例 庭の桜の木をお切りにならないでください。

きる【着る】

尊 召す／お召しになる

例 黒いコートをお召しになっているのが先生です。

謙 着させていただく

例 頂戴したスーツ、大切に着させていただいております。

参考 尊敬語の「着られる」も場合によっては使われるが、「可能（＝着ることができる）」ととられないよう注意が必要。

謙譲語の「着させていただく」は、「相手の許可や好意を受けて着る」というニュアンスが強く、使う場面が限られる。

「着物」「着がえ」の尊敬語は、それぞれ「お召し物」「お召しかえ」となる。

Point 「着る」の尊敬語は「お召しになる」

相手に着るのを勧めるときは、尊敬語「お召しになる」を使って「お召しになってください」と言う。次の例のケースなら、「ご試着なさってください」でもOK。

例「ドレスを着てみてもよろしいですか？」
「どうぞ、お召しになってください。試着室へご案内いたします」

きをおとす【気を落とす】

尊 **(お)気を落とされる**

例 どうかお気を落とされませんよう。

参考「気を落とす」の謙譲表現は使われない。

きをくばる【気を配る】

尊 **気を配られる／(お)気をお配りになる／(お)気をお配りなさる**

例 細部にまで気をお配りになる。

謙 **気をお配りする／気をお配りいたす／気をお配り申し上げる／気を配らせていただく**

例 気をお配りする余裕がなくて申しわけありませんでした。

きをつける【気を付ける】

尊 **気を付けられる／お気を付けになる／お気を付けなさる**

例 足もとにお気を付けになってください。

謙 **気を付けさせていただく**

例 次回は気を付けさせていただきます。

きをまわす【気を回す】

尊 **気を回される／気をお回しになる／気をお回しなさる**

例 私どものことに、どうか気をお回しになりませんよう。

参考 謙譲表現はあまり使われない。

きんけい【謹啓】 他

手紙などのはじめに用いる、挨拶のことば。

参考「つつしんで申し上げる」の意。「拝啓」より丁寧なことば。「謹白《きんぱく》」で結ぶ。

ぎんこう【銀行】

尊 貴行

例 貴行のサービスについて質問いたします。

謙 当行／弊行

例 当行よりお送りしたご案内の記載に誤りがございます。

きんせい【謹製】 謙

「製造すること」の謙譲語。とくに、食品をつくること。

例 当店謹製の菓子。

きんてい【謹呈】 謙

「贈ること」の謙譲語。つつしんで差し上げること。

参考「進呈《しんてい》」「呈上《ていじょう》」「拝呈《はいてい》」なども同義のことば。

く

ぐー【愚】 謙

自分または身内のことやその持ち物・行為について、謙譲を表す。

例 愚兄。愚見。愚考。愚才。愚妻。愚説。愚僧。愚息。

くぎる【区切る】

尊 区切られる

例 一語一語区切られて、わかりやすくお話しになった。

謙 区切らせていただく

例 受け付けの時間を区切らせていただきます。

ぐけん【愚見】 謙

自分の意見をへりくだっていう語。

例 はばかりながら、愚見を述べさせていただきます。

ぐこう【愚考】 謙
自分が考えたことをへりくだっていう語。
(例)このように愚考した次第でございます。

ぐさい【愚妻】 謙
自分の妻をへりくだっていう語。
(例)私の愚妻です。
参考「荊妻《けいさい》」も同義のことば。

くずす【崩す】
尊崩される／お崩しになる／お崩しなさる
(例)課長は体調を崩されたそうで、お休みです。
謙崩させていただく
(例)失礼して、ひざを崩させていただきます。

ぐせつ【愚説】 謙
自分の説をへりくだっていう語。
(例)愚説とは存じますが、申し上げます。

ぐそく【愚息】 謙
自分の息子をへりくだっていう語。
(例)うちの愚息がお世話になっております。
参考「豚児《とんじ》」もほぼ同義のことば。

ください【下さい】 尊
尊敬語「くださる」の命令形。
(例)明日にでもお電話をください。
参考「～してください」「お（ご）～ください」の形で、付け足し型の尊敬表現となる。相手に何かお願いをするときに、語尾に付けることば。

くださる【下さる】 尊
❶「くれる」の尊敬語。
(例)教授がこの本を私にくださいました。
❷「～してくれる」の尊敬語。
(例)果物を送ってくださってありがとうございます。
参考❷は、付け足し型の尊敬表現「お（ご）～くださる」と同義。ただし、「お［ご］〜くださる」のほうが敬意は高い。

くちぞえ【口添え】

尊 **お口添え／お声がかり**

例 先生のお口添えのおかげで、無事に就職できました。

社長のお声がかりで、各部門の優秀な人材が集結した。

参考「お声がかり」は、権力者の口添えや提案をうやまっていう語。

くつがえす【覆す】

尊 **覆される**

例 監督はやむをえず決定を覆された。

謙 **覆させていただく**

例 定説を覆させていただきます。

くばる【配る】

尊 **配られる／お配りになる／お配りなさる**

例 細かいところにまで目をお配りになる。

謙 **お配りする／お配りいたす／お配り申し上げる／配らせていただく**

例 全員にプリントをお配りいたしましょう。

参考「配る」は、物を分ける意のときは「分配する」で代用されることもある。

くむ【組む】

尊 **組まれる**

例 あぐらを組まれる。

謙 **組ませていただく**

例 1年間、コンビを組ませていただきました。

くやむ【悔やむ】

尊 **悔やまれる／お悔やみになる／お悔やみなさる**

例 いくらお悔やみになっても、もう仕方ありません。

謙 **後悔いたす**

例 自分の不注意で事故をおこしたことを、後悔いたしております。

参考「悔やむ」の謙譲表現は、「後悔する」で代用されることが多い。

くらす【暮らす】

尊 **暮らされる／お暮らしになる／お暮らしなさる／過ごされる／お過ごしになる／お過ごしなさる**

例 一年中遊んでお暮らしになる。
何不自由なくお過ごしになっています。

参考「暮らす」のかわりに、「過ごす」「生活する」などが使われることもある。謙譲表現は使われない。

くらべる【比べる】

尊 **比べられる／お比べになる／お比べなさる**

例 お比べになってみれば一目瞭然です。

謙 **比べさせていただく**

例 御社《おんしゃ》と弊社《へいしゃ》の製品を比べさせていただきました。

参考「比べる」のかわりに、「比較する」が使われることもある。

くりかえす【繰り返す】

尊 **繰り返される**

例 課長は、説明を繰り返された。

謙 **繰り返させていただく**

例 ご注文を繰り返させていただきます。

くる【来る】

尊 **見える／お見えになる／いらっしゃる／おいでになる／お越しになる／お運びになる**

例 先ほど、お連れの方がお見えになりました。

謙 **参る／参上する**

例 係の者が参りますので、少々お待ちください。

参考 尊敬語の「お見えになる」は、二重敬語だが一般的に使われる。「いらっしゃる」「おいでになる」「お越しになる」「お運びになる」は、「行く」の尊敬語としても使われる。
「参る」「参上する」は、「行く」の謙譲語としても使われる。また、「参る」には、「タクシーが参りました」のような丁重語の用法もある。

Point 「参る」と「お見えになる」

相手の前では、自分側の人間に謙譲語「参る」を使う。「来る」のが相手なら、尊敬語「お見えになる」などを使う。

例「父ももうじき参ると思います。遅れて申しわけありません」「あ、お見えになったようですよ」

くること【来ること】

尊 (ご)光来《こうらい》／(ご)光臨《こうりん》／(ご)来駕《らいが》／(ご)来臨《らいりん》／お運び

例 ご光来を心よりお待ち申し上げます。

例 何とぞご来駕賜りたく存じます。

例 雨の中をお運びいただいて大変恐縮です。

参考 いずれも敬意は非常に高い。「お運び」は、「行くこと」の尊敬語としても使われる。

くるしむ【苦しむ】

尊 苦しまれる／お苦しみになる／お苦しみなさる

例 長年、騒音に苦しまれてきた。

参考 謙譲表現は使われない。

くるむ

尊 くるまれる／おくるみになる／おくるみなさる

例 お孫さんの体をタオルでくるまれる。

謙 くるませていただく

例 割れないように布でくるませていただきます。

参考「くるむ」のかわりに、「つつむ」が使われる場合もある。

くれる

尊 くださる

例 先生は別れぎわに、一冊の本をくださいました。

参考「くださる」は、「～してくださる」「お（ご）～くださる」の形で付け足し型の尊敬表現となる。

くわえる【加える】

尊 **加えられる／お加えになる／お加えなさる**

例 もう少し砂糖を加えられたほうがいいでしょう。

謙 **加えさせていただく**

例 私も仲間に加えさせていただきとう存じます。

参考 「加える」のかわりに、「足す」「プラスする」などが使われることもある。

け

-けい【兄】 尊

❶**先輩や同輩に対する敬称。**

例 大兄《たいけい》。学兄《がっけい》。貴兄。賢兄。

❷**先輩や同輩の名前の下に付けて、敬意を表す。**

例 中村兄。

参考 おもに男性が、手紙などで用いる。

げいか【猊下】 尊

高僧をうやまっていう語。

参考 多く、高僧に送る手紙の宛名のわきに付けて用いられる。「猊」は獅子《しし》で、ここでは、仏を百獣の王である獅子（すぐれた人）にたとえたもの。

けいぐ【敬具】 他

手紙などの終わりに用いる、挨拶のことば。

参考 「拝啓」と照応して用いる。

けいさい【荊妻】 謙

自分の妻をへりくだっていう語。

参考「荊」は「いばら」の意で、つまらないもののたとえ。「愚妻《ぐさい》」も同義のことば。

けいじょう【啓上】 謙

「言うこと」の謙譲語。申し上げること。

例 一筆啓上。

参考 おもに手紙文で用いる。

けいぞう【恵贈】 尊

（多く「ご恵贈」の形で）「贈られること」の尊敬語。

例 当図書館にたくさんの書物をご恵贈くださいました。

参考「恵投」「恵与」もほぼ同義のことば。

けいそん【恵存】 尊

自分の著書などを贈るとき、宛名のわきに書いて敬意を表す語。

参考「どうかお手元に置いてください」の意。「けいぞん」ともいう。

けいとう【恵投】 尊

（多く「ご恵投」の形で）「贈られること」の尊敬語。

例 ご恵投にあずかる。

参考「恵贈」「恵与」もほぼ同義のことば。

けいはく【敬白】 他

手紙などの終わりに用いる、挨拶のことば。

参考「白」は「申す」の意。

けいやくする【契約する】

尊 契約される／契約なさる／ご契約になる／ご契約なさる

例 新たにご契約なさってください。

謙 契約いたす／ご契約する／ご契約いたす／ご契約申し上げる／契約させていただく

例 先日の条件で契約させていただきたいのですが。

けいよ【恵与】 尊

（多く「ご恵与」の形で）「贈られること」の尊敬語。

例 ご恵与の品。

参考 「恵贈」「恵投」もほぼ同義のことば。

けす【消す】

尊 **消される／お消しになる／お消しなさる**

例 先生は黒板の字を消された。

謙 **お消しする／お消しいたす／お消し申し上げる／消させていただく**

例 部屋の明かりを消させていただきます。

けずる【削る】

尊 **削られる／お削りになる／お削りなさる**

例 カンナで板を削られる。

謙 **削らせていただく**

例 予算を一部削らせていただきました。

けっこう【結構】 他

❶「よいこと」の丁寧な言い方。

例 結構なお話をいただきまして、ありがとうございます。

例 結構なお手前です。

❷「十分であること」の丁寧な言い方。

例 わざわざおいでいただかなくとも結構です。

けんー【賢】 尊

相手側の人や物事や行為について、尊敬を表す。

例 賢察。賢弟。賢兄。賢答。賢妹《けんまい》。

げんくん【厳君】 尊

他人の父をうやまっていう語。

参考 「厳父」「父君《ふくん》」も同義で使われる。

けんけい【賢兄】 尊

❶手紙文などで、同輩をうやまっていう語。

❷他人の兄をうやまっていう語。

参考 ❶と同義で使われることばに、「貴兄《きけい》」「大兄《たいけい》」などがある。

げんこう【原稿】

尊 玉稿

例 先生の玉稿を拝受いたしました。

謙 拙稿《せっこう》

例 拙稿をご覧いただけますでしょうか。

けんさつ【賢察】 尊

相手の推察をうやまっていう語。

例 すべてご賢察の通りです。

例 何とぞ事情をご賢察の上、ご了承賜りたくお願い申し上げます。

参考「高察」もほぼ同義のことば。

けんしき【見識】

尊 ご見識

例 広いご見識をお持ちの先生にご意見を賜りたく、参上いたしました。

謙 管見《かんけん》

例 管見によれば、この件に関する資料は現存しないはずです。

参考「管見」は、「管《くだ》の穴から見たほどのせまい視野」の意。

けんしゅう【検収】

尊 ご検収

例 よろしくご検収のほど、お願い申し上げます。

参考「検収」は、発注した品の数や種類などを、点検して受け取ること。

けんじょう【献上】 謙

身分の高い人に物を差し上げること。

例 宮様への献上の品。

けんずる【献ずる】 謙

神仏や身分の高い人に物を差し上げる。

例 ご霊前に花を献ずる。
例 神前にお神酒《みき》を献ずる。

けんてい【献呈】謙

差し上げること。

例 拙著を献呈いたします。

けんとうする【検討する】

尊 **検討される／検討なさる／ご検討になる／ご検討なさる**

例 先日の件、すでに検討なさったそうです。

謙 **検討いたす／ご検討する／ご検討いたす／ご検討申し上げる／検討させていただく**

例 前向きに検討させていただきます。

げんぷ【厳父】尊

他人の父をうやまっていう語。

例 「厳君」「父君《ふくん》」も同義。

けんぶん【見聞】

尊 **ご見聞**

例 ご見聞をお聞かせください。

謙 **寡聞《かぶん》**

例 寡聞にして存じませんでした。

参考 「寡聞」は、自分の見聞や知識をへりくだっていう語。

けんぽく【硯北】尊

手紙で、宛名のわきに付けて敬意を表す語。

参考 机を南向きに置くと、人は硯《すずり》の北側になることからいう。「机下《きか》」も同義のことば。

こ

こ【子】

尊 お子様／お子様方

例 お子様もお元気でいらっしゃいますか。

謙 子どもら

例 子どもらの希望を聞いてみます。

ご―【御】 尊 謙 他

↓お（ご）ー（↓30ページ）

ーご【御】 尊

相手の親族を話題にするとき、その人物を示す語のあとに付いて、軽い敬意を表す。

例 親御《おやご》。兄御《あにご》。姉御《あねご》。弟御《おとうとご》。妹御《いもうとご》。甥御《おいご》。姪御《めいご》。

ごあいこ【御愛顧】 尊

客が商人や芸人をひいきにすることを、うやまっていう語。

例 今後とも、ご愛顧のほどよろしくお願いいたします。

参考 ひいきされる側が用いることば。

ご～あそばす【御～遊ばす】 尊

↓お（ご）～あそばす（↓30ページ）

ご～いたす【御～致す】 謙

↓お（ご）～いたす（↓30ページ）

ご～いただく【御～頂く】 謙

↓お（ご）～いただく（↓31ページ）

ごいっしょ【御一緒】 謙

「同行すること」の謙譲語。

例 次回もぜひご一緒したいと思います。

参考 「この近くなのでご一緒します」のように、目的地まで「（目上の人を）連れて行く」意でも使われる。

こうー【厚】 尊

相手の気持ちについて、尊敬を表す。

例 厚恩。厚誼《こうぎ》。厚志。厚情。

参考 「厚」は「心がこもっている」の意。

こうー【高】 尊

相手の行為について、尊敬を表す。

例 高恩。高誼《こうぎ》。高見。高察。高説。高配。高評。高名《こうめい》。高覧。高慮。高論。

こうぎ【厚誼】 尊

（多く「ご厚誼」の形で）相手の交際の情が厚いことをうやまっていう語。

例 今後とも変わらぬご厚誼のほど、切にお願い申し上げます。

こうぎ【高誼】 尊

（多く「ご高誼」の形で）相手の心からの親しい交わりをうやまっていう語。

例 引き続きご高誼くださいますよう、心からお願い申し上げます。

参考 おもに手紙などで、相手の好意に感謝するときに用いる。

こうきょ【薨去】 尊

皇族または三位《さんみ》以上の人の死をうやまっていう語。

参考 「薨逝《こうせい》」も同義のことば。

こうけん【高見】 尊

（多く「ご高見」の形で）相手の見識や意見をうやまっていう語。

例 ご高見を承りたく、ご連絡差し上げました。

こうさつ【高察】 尊

（多く「ご高察」の形で）相手の推察をうやまっていう語。

例 何とぞ、ご高察のほどお願い申し上げます。

こうし【厚志】 尊
（多く「ご厚志」の形で）相手の親切な心遣いをうやまっていう語。
例 皆様のご厚志に甘えさせていただきます。

こうじょう【厚情】 尊
（多く「ご厚情」の形で）相手の思いやりのある心をうやまっていう語。
例 ご厚情のほど、深く感謝いたします。

こうせつ【高説】 尊
（多く「ご高説」の形で）相手の説をうやまっていう語。
例 先生のご高説を拝聴いたしました。

こうはい【高配】 尊
（多く「ご高配」の形で）相手の心配りをうやまっていう語。
例 これからも変わらぬご高配を賜りたく、伏してお願い申し上げます。

こうひょう【高評】 尊
（多く「ご高評」の形で）相手の批評をうやまっていう語。
例 田中様のご高評を賜りたく…。

こうめい【高名】 尊
（多く「ご高名」の形で）相手の名前をうやまっていう語。
例 ご高名は以前から伺っております。

こうらい【光来】 尊
（多く「ご光来」の形で）「来ること」の尊敬語。
例 ご光来を仰ぐ。
参考 敬意は非常に高い。

こうらん【高覧】 尊
（多く「ご高覧」の形で）「見ること」の尊敬語。
例 ご高覧を乞いたく存じます。
例 ご高覧に供する。

こうりょ【高慮】 尊
（多く「ご高慮」の形で）「考えること」「意向」などの尊敬語。
例 鈴木様のご高慮をわずらわしたく、お願い申し上げます。

こうりん【光臨】 尊
（多く「ご光臨」の形で）「来ること」の尊敬語。
例 先生のご光臨を仰ぐ。
参考 敬意は非常に高い。

こうろん【高論】 尊
（多く「ご高論」の形で）相手の意見や論をうやまっていう語。
例 ご高論を拝聴いたしました。

ごきげんよう【御機嫌よう】 他
会ったときや別れるときなどにいう挨拶。
例 またお会いする日まで、ごきげんよう。
参考 相手の健康を祈る意。

こきょう【故郷】
尊 **お国／お生まれ／ご出身**
例 お国はどちらでいらっしゃいますか。
参考「お国」は、相手の国や出身地をうやまっていう語。

こぐ【漕ぐ】
尊 **こがれる／おこぎになる／おこぎなさる**
例 懸命に自転車をこがれたそうです。
謙 **こがせていただく**
例 私がボートをこがせていただきます。

ご〜ください【御〜下さい】 尊
↓お（ご）〜ください（↓34ページ）

ご〜くださる【御〜下さる】 尊
↓お（ご）〜くださる（↓35ページ）

ごくろうさま【御苦労様】 他

相手の疲れをねぎらう挨拶。

例 毎朝、児童の見守りご苦労様です。

参考 目上の人に対して使わないほうがよいとされ、ビジネスなどではかわりに「お疲れ様」が使われる。

NG 「ご苦労様」は目上の人には使わないほうがよい。

△ 課長、本日はご苦労様でした。

○ 課長、本日はお疲れ様でした。

ごけんしゅう【御検収】 尊

「点検して受け取ること」の尊敬語。

例 ご注文の品をお送りしましたのでご検収ください。

こころがける【心がける】

尊 心がけられる／お心がけになる／お心がけなさる

例 つね日ごろから、健康のために心がけられていることはございますか。

謙 心がけさせていただく

例 節約を心がけさせていただいております。

こころづかい【心遣い】

尊 お心遣い／ご配慮／（ご）高慮／（ご）尊慮

例 お心遣いをいただきありがとうございます。何とぞご配慮のほど、よろしくお願いいたします。ご尊慮を賜り、深く感謝いたします。

参考 謙譲表現は使われない。

こころばかり【心ばかり】 謙

物を贈る場合などに、へりくだっていう語。

例 心ばかりの品ですが、どうかお納めください。

参考 「ほんの気持ちだけ」の意で使われる。

こころみる【試みる】

尊 試みられる

例 登頂を試みられた理由をお聞かせください。

謙 試みさせていただく

例 あらゆる方法を試みさせていただきました。

ございます【御座います】丁

❶「ある」の丁寧語。

例 そばもうどんもございます。

❷（「〜てございます」の形で）「〜てある」の丁寧語。

例 案内板に書いてございます。

❸（「〜でございます」「〜うございます」の形で）「です」のさらに丁寧な言い方。

例 粗茶でございます。

例 大変うれしゅうございます。

参考「です」「ます」とともに基本的な丁寧語で、丁寧の度合いは非常に高い。❸の「〜でございます」は「名詞＋だ」または形容動詞の連用形、「〜うございます」は形容詞の連用形（ウ音便）に付く形。

NG「よろしかったです」は使わない。

×それは、よろしかったです。

○それは、よろしゅうございました。

ごさしゅう【御査収】尊

「調べて受け取ること」の尊敬語。

例 書類を同封いたしましたので、よろしくご査収ください。

ごさんしゅう【御参集】尊

「集まること」の尊敬語。

例 講堂にご参集の皆様。

参考「参」の字に、謙譲の「まいる」の意味はない。

ごじあい【御自愛】尊

相手に、自分の身を大切にするようにいうことば。

例 向寒の折からご自愛くださいませ。

参考 手紙文などで使う。

ごしそく【御子息】尊

他人の息子をうやまっていう語。

例 先生のご子息でいらっしゃいますか。

参考「（ご）令息」もほぼ同義のことば。

ごしっせい【御叱正】 謙

自分の文章や詩を添削してもらうときに、へりくだっていう語。

例 ご叱正を賜りたく、よろしくお願いいたします。

参考 「叱正」は、「しかり正すこと」の意。

ごしゅ【御酒】 他

「酒」の丁寧な言い方。

例 本田様より御酒をいただきました。

ごしゅうしょうさま【御愁傷様】 他

不幸があった人に対してする、挨拶のことば。

例 この度は誠にご愁傷様です。

ごじゅのう【御受納】 尊

「受け取ること」の尊敬語。

例 粗品ですが、どうかご受納ください。

ごしょうのう【御笑納】 謙

贈り物をすることをへりくだっていう語。

例 ご笑納くだされば幸いです。

参考 「つまらない物ですが、笑って受け取ってください」の意。

ごしょうらん【御笑覧】 謙

自分の物を見てもらうことをへりくだっていう語。

例 どうぞご笑覧ください。

参考 「つまらない物ですが、笑いながら見てください」の意。

ごしんもつ【御進物】 他

「贈り物」の丁寧な言い方。

例 お中元のご進物。

参考 「お遣い物」もほぼ同義で使われることば。

ご〜する【御〜する】 謙

↓お（ご）〜する（↓39ページ）

ごそうけん【御壮健】 尊
相手が元気なことをうやまっていう語。
例 ご壮健で何よりでございます。

ごそくじょ【御息女】 尊
他人の娘をうやまっていう語。
例 あなたのご息女はどちらにお住まいですか。

ごそくろう【御足労】 尊
「来てもらうこと」の尊敬語。
例 本日はわざわざご足労をいただき、ありがとうございます。
参考 「足労」は、「足をわずらわせること」の意。

ごぞんじ【御存じ】 尊
「知っていること」の尊敬語。
例 皆様もすでにご存じのことと思います。

こたえる【答える】
尊 **答えられる／お答えになる／お答えなさる**
例 記者の質問にお答えになる。
謙 **お答えする／お答えいたす／お答え申し上げる／答えさせていただく**
例 順番にお答えいたします。
参考 「答える」のかわりに、「返事する」「返答する」なども用いられる。

命令・依頼 **〜してほしい**
尊 **答えてください／お答えください／答えてくださいますか／お答えくださいますか**
例 先ほどの問いにお答えくださいますか。
謙 **答えていただけますか／お答えいただけますか／お答え願います／お答え願えますか**
例 お手数ですが、いくつか質問にお答えいただけますか。

不可能 **〜できない**
謙 **お答えできません／お答えしかねます／お答えいたしかねます**

例申しわけございませんが、私からはお答えいたしかねます。

ごたこう【御多幸】 尊

相手の非常に多くの幸福をうやまっていう語。

例皆様のよりいっそうのご多幸をお祈り申し上げます。

参考「ご多祥」もほぼ同義のことば。

ごたしょう【御多祥】 尊

相手の非常に多くの幸いをうやまっていう語。

例皆様のますますのご多祥を心からお祈り申し上げます。

参考「ご多幸」もほぼ同義のことば。

ごちそうさま【御馳走様】 他

食事をしたりもてなしを受けたりしたときの、挨拶のことば。

例どうもごちそうさまでした。

こちら【此方】 他

「こっち」「これ」の丁寧な言い方。

例こちらのほうがお安くなっております。

例どうぞこちらへお上がりください。

ごどうけい【御同慶】 尊

相手のめでたいことをうやまっていう語。

例貴殿のご活躍ぶりは、誠にご同慶の至りでございます。

参考「相手と同じように、自分にとっても喜ばしい」の意。

ことづける【言付ける】

尊言付けられる／お言付けになる／お言付けなさる

例何かお言付けなさいますか。

謙お言付けする／お言付けいたす／お言付け申し上げる／言付けさせていただく

例ご不在でしたので、お母様にお言付けいたしました。

参考「言付ける」のかわりに、「伝える」「伝言する」などが使われることもある。

ことば【言葉】

尊 おことば／仰《おお》せ

例 ありがたいおことばをいただきました。

例 すべて社長の仰せの通りでございます。

ことわる【断る】

尊 断られる／お断りになる／お断りなさる／遠慮される／（ご）遠慮なさる／辞退される／（ご）辞退なさる

例 部長は栄転のお話をお断りになった。

謙 お断りする／お断りいたす／お断り申し上げる／遠慮いたす／ご遠慮申し上げる／遠慮させていただく／（ご）辞退いたす／ご辞退申し上げる／辞退させていただく／見送らせていただく

例 そういうお話はすべてお断りしております。

参考 「断る」は、婉曲《えんきょく》な「遠慮する」「辞退する」「見送る」などに言い換えられることも多い。

Point 「お断りになる」と「お断りする」

例 「例のお話、気が進まなければお断りになってはいかがですか」
「そうだね。今回はお断りしよう」
「断る」のは相手の行為なので、尊敬表現の「お断りになる」を使っている。また、相手は断る人を高めて、謙譲表現の「お断りする」を使っている。

ご～なさる【御～なさる】尊

お（ご）～なさる （↓44ページ）

ごなん【御難】尊

他人の災難や難儀をうやまっていう語。

例 ここのところ、ご難続きと伺いました。

参考 からかいの意を込めて使われることもある。

ご～にあずかる【御～に与る】謙

↓お（ご）～にあずかる （↓45ページ）

ご〜になる【御〜になる】尊
お（ご）〜になる（↓45ページ）

ご〜ねがう【御〜願う】謙
お（ご）〜ねがう（↓45ページ）

このむ【好む】
尊好まれる／お好みになる／お好みなさる
例先生は甘いものを好まれる。
参考「好む」の謙譲表現は使われない。

ごはってん【御発展】尊
相手の会社などが発展することをうやまっていう語。
例貴社のいっそうのご発展を心よりお祈り申し上げます。
参考「ご繁栄」「ご隆昌《りゅうしょう》」「ご隆盛」などもほぼ同義のことば。

こばむ【拒む】
尊拒まれる
例相手の要求を拒まれたそうです。
謙拒ませていただく
例不当な要求は拒ませていただきます。

ごはんえい【御繁栄】尊
相手が栄えることをうやまっていう語。
例貴社のますますのご繁栄を心よりお祈り申し上げます。
参考「ご発展」「ご隆昌《りゅうしょう》」「ご隆盛」などもほぼ同義のことば。

ごぶさた【御無沙汰】他
久しぶりに訪問や便りをするときの、挨拶のことば。
例大変ご無沙汰しております。

ごぶじ【御無事】尊
相手が無事であることをうやまっていう語。
例皆様ご無事で何よりです。

ごぶれい【御無礼】 謙

自分の無礼をへりくだっていう語。

例 とんだご無礼をいたしましたこと、お詫《わ》び申し上げます。

ごべんたつ【御鞭撻】 尊

「はげますこと」の尊敬語。

例 今後ともご鞭撻のほど、よろしくお願い申し上げます。

参考 「鞭撻」は、もともと「むち打っていましめる」意。

こぼす【零す】

尊 **こぼされる**

例 お客様のお子様が、お水をこぼされたそうです。

参考 「こぼす」の謙譲表現は使われない。

こまる【困る】

尊 **困られる／お困りになる／お困りなさる**

例 傘がなくてお困りになったでしょう。

参考 謙譲表現は使われない。

ごめんください【御免下さい】 他

訪問するときや別れるときなどの、挨拶のことば。

例 ごめんください。どなたかいらっしゃいませんか。

参考 「ませ」を付けた「ごめんくださいませ」は、より丁寧な表現。多く、女性が用いる。

ごめんなさい【御免なさい】 他

謝罪するときのことば。

例 今日は遅れてごめんなさい。

参考 ビジネスシーンにおける謝罪のことばは、おもに「申しわけございません」が使われる。

ご〜もうしあげる【御〜申し上げる】 謙

↓お（ご）〜もうしあげる（↓50ページ）

ごもっとも

（「ごもっともです」の形で）相手の言い分をきちんと聞いていることを示すことば。

例そうおっしゃるのも、ごもっともです。

ごよう【御用】 尊

「用」「用事」の尊敬語。

例どのようなご用でしょうか。

ごようしゃ【御容赦】 尊

「ゆるすこと」の尊敬語。

例失礼の段、どうかご容赦くださいませ。

参考「ご海容《かいよう》」「ご寛恕《かんじょ》」「ご勘弁」なども、ほぼ同義のことば。

ごようめい【御用命】 尊

相手から言いつかった用事をうやまっていう語。

例ご用命の品をお届けに上がりました。

参考現在では、商人が客からの注文に対して用いることが多い。

こらえる【堪える】

尊こらえられる／忍ばれる／耐えられる／我慢される／我慢なさる

例痛みを我慢なさっているご様子です。

謙こらえさせていただく／忍ばせていただく／耐えさせていただく／我慢いたす／我慢させていただく

例あと少しですから、我慢いたします。

参考「こらえる」の代わりに、「忍ぶ」「耐える」「我慢する」などが使われる場合もある。

ごらんなさい【御覧なさい】 尊

❶「見なさい」の尊敬語。

例近づいて、絵をよくご覧なさい。

❷「～してみなさい」の尊敬語。

例もっとくわしく話してごらんなさい。

参考❶❷ともに敬意はごく軽いため、目上には使えない。

ごらんにいれる【御覧に入れる】 謙
「見せる」の謙譲語。
例 新製品をご覧に入れます。
参考「ご覧に供《きょう》する」ともいう。

ごらんになる【御覧になる】 尊
❶「見る」の尊敬語。
例 今朝のニュースをご覧になりましたか。
❷「～してみる」の尊敬語。
例 行ってごらんになれば、おわかりいただけると思います。

ごりゅうせい【御隆盛】 尊
相手が栄えて勢いがさかんなこと。
例 貴店にはますますご隆盛のことと拝察いたします。
参考「ご発展」「ご繁栄」「ご隆昌《りゅうしょう》」などもほぼ同義で使われることば。

これ
→こちら（→96ページ）

ころぶ【転ぶ】
尊 転ばれる
例 自転車で転ばれたそうですね。
参考「転ぶ」の謙譲表現は使われない。

こわす【壊す】
尊 壊される
例 いたしかたなくドアを壊されたそうだ。
謙 壊させていただく
例 古い土蔵は壊させていただきます。

こんしょ【懇書】 尊
（多く「ご懇書」の形で）相手からの手紙をうやまっていう語。
例 ご懇書をいただきました。

参考「懇書」は「誠意のこもった手紙」の意。

こんじょう【懇情】 尊

（多く「ご懇情」の形で）相手の親切な心遣いをうやまっていう語。

例ご懇情賜り、厚く御礼申し上げます。

参考「懇情」は、「行き届いた心遣い」の意。

さ

さいなん【災難】

尊ご難

例ここ最近、ご難続きで大変ですね。

参考「ご難」は、他人の災難や難儀をいう。からかいの意を込めて使うこともある。

さいのう【才能】

謙愚才／浅学／浅学非才／微才／不才

例私など、浅学非才でお恥ずかしい限りです。

さえぎる【遮る】

尊遮られる

例部長は、課長の発言を途中で遮られた。

謙遮らせていただく

例カーテンで光を遮らせていただきます。

さがす【探す】

尊 探される／お探しになる／お探しなさる

例 新しいお住まいはもうお探しになりましたか。

謙 お探しする／お探しいたす／お探し申し上げる／探させていただく

例 ご希望の物件をお探し申し上げます。

命令・依頼 **～してほしい**

尊 探してください／お探しください／探してくださいますか／お探しくださいますか

例 連休に泊まれる宿を探してくださいますか。

謙 探していただけますか／お探しいただけますか／お探し願います／お探し願えますか

例 為替に関する資料を探していただけますか。

問いかけ **～しているか**

尊 探されていますか／お探しですか／探していらっしゃいますか／探しておいでですか

例 どのような品をお探しですか。

不可能 **～できない**

謙 お探しできません／お探ししかねます／お探しいたしかねます

例 申しわけございませんが、当方ではお探しいたしかねます。

さがる【下がる】

尊 下がられる／お下がりになる／お下がりなさる

例 お子様方は「おやすみなさい」と言ってお下がりになった。

謙 下がらせていただく

例 これで私は下がらせていただきます。

命令・依頼 **～してほしい**

尊 下がってください／お下がりください／下がってくださいますか／お下がりくださいますか

例 白線の内側までお下がりください。

謙 下がっていただけますか／お下がりいただけますか／お下がり願います／お下がり願えますか

例 後ろの方、少しお下がりいただけますか。

さきさま【先様】尊

「相手」「先方《せんぽう》」の尊敬語。

例 先様のご都合を伺ってみましょう。

さく【割く】

尊 割かれる／お割きになる／お割きなさる

例 ふたりの仲をお割きになった。

謙 割かせていただく

例 3人の人手を割かせていただきます。

さくじつ【昨日】他

「昨日《きのう》」の改まった言い方。

例 昨日《さくじつ》はお世話になりました。

さくひん【作品】

謙 愚作／拙作《せっさく》

例 愚作ですが、お見せいたしましょう。

さけ【酒】

尊 お流れ

例 お流れを頂戴《ちょうだい》いたします。

参考「お流れ」は、目上の人に注いでもらう酒。本来は、貴人が飲んだ杯に残った酒、または貴人が飲んだ杯を受けて飲む酒のこと。酒を丁寧にいうことばには、「お酒」「御酒《ごしゅ》」などがある。また、神前に供える「お神酒《みき》」などもある。

さけぶ【叫ぶ】

尊 叫ばれる／お叫びになる／お叫びなさる

例 核兵器の廃絶を叫ばれる。

参考 謙譲表現はあまり使われない。

さける【避ける】

尊 避けられる／お避けになる

例 周囲との摩擦をお避けになる。

謙 避けさせていただく

例 争いに巻き込まれることだけは、避けさせていただきたい。

さげる【下げる】

下げられる／お下げになる／お下げなさる

例 首から眼鏡《めがね》をお下げになっているのが、先生です。

お下げする／お下げいたす／お下げ申し上げる／下げさせていただく

例 お皿をお下げしてもよろしいでしょうか。

ささえる【支える】

支えられる／お支えになる／お支えなさる

お支えする／お支えいたす／お支え申し上げる／支えさせていただく

例 一家の暮らしをお支えになる。

例 全力でお支え申し上げる。

命令・依頼 ～してほしい

尊 支えてください／お支えください／支えてくださいますか／お支えくださいますか

例 後ろから体を支えてくださいますか。

謙 支えていただけますか／お支えいただけますか／お支え願います／お支え願えますか

例 はしごが倒れないように支えていただけますか。

ささやく【囁く】

尊 ささやかれる

例 先生は、助手の耳元で何かをささやかれた。

参考 謙譲表現はあまり使われない。

さしあげる【差し上げる】 謙

❶「与える（やる）」の謙譲語。

例 こちらの冊子を差し上げます。

❷「～してやる」の謙譲語。

例 お客様にお茶を入れて差し上げなさい。

参考「上げる」よりも敬意はやや高い。

さしつかえなければ【差し支えなければ】 他

相手に依頼するときなどに使われる、クッションことば。

例 差し支えなければ、こちらにお越しいただけませんか。

さしゅう【査収】

尊 **ご査収**

例 ご査収のほどよろしくお願いいたします。

参考 「査収」は、「調べて受け取ること」の意。「受け取ること」の意の敬語については、24ページを参照のこと。

さす【指す・差す】

尊 **指される・差される／お指しになる・お差しになる／お指しなさる・お差しなさる**

例 東の方角を指でさされた。

例 傘をお差しになる。

謙 **指させていただく・差させていただく**

例 先日、先生と将棋を指させていただきました。

させていただく【させて頂く】謙

❶ 「する」の謙譲語。

例 日程の確認をさせていただきます。

❷ 「〜する」の謙譲語。

例 会合に参加させていただきます。

参考 ❶❷ともに、「相手の許可を得て行う」というニュアンスがあり、敬意は非常に高い。ただし、あまり多用したり、「納税する」「通勤する」「勤める」といった客観的なことに使うと、自分を卑下しているような印象をあたえるので注意が必要。

さそう【誘う】

尊 **誘われる／お誘いになる／お誘いなさる**

例 どなたかお誘いになったらいかがですか。

謙 **お誘いする／お誘いいたす／お誘い申し上げる**

例 また来週にお誘い申し上げます。

命令・依頼 〜してほしい

尊 **誘ってください／お誘いください／誘ってくださいますか／お誘いくださいますか**

例 次回もお誘いくださいますか。

謙 **誘っていただけますか／お誘いいただけますか／お誘い願いますか／お誘い願えますか**

例 また今度、お誘いいただけますか。

不可能 ～できない

謙 お誘いできません／お誘いしかねます／お誘いいたしかねます

例 私からはお誘いいたしかねます。

さだめる【定める】

尊 定められる／お定めになる／お定めなさる

例 ようやく心をお定めになったご様子だ。

参考 謙譲表現はあまり使われない。

ざっし【雑誌】

尊 貴誌

謙 弊誌《へいし》／小誌《しょうし》

さっする【察する】

尊 お察しになる／お察しなさる

例 すぐに事情をお察しになる。

謙 お察しする／お察しいたす／お察し申し上げる

例 ご心中お察し申し上げます。

参考 「察する」のかわりに、「推察する」などが使われることもある。

命令・依頼 ～してほしい

尊 察してください／お察しください／察してくださいますか／お察しくださいますか

例 彼の胸中をお察しくださいますか。

謙 察していただけますか／お察しいただけますか／お察し願います／お察し願えますか

例 両親の気持ちをお察しいただけますか。

さとる【悟る】

尊 悟られる／お悟りになる／お悟りなさる

例 ご自分のお立場を悟られたようです。

参考 謙譲表現は使われない。

―さま【様】尊 他

❶相手の名前や呼び名などについて、尊敬を表す。
例小林様。お客様。お連れ様。大御所様。ご一行様。皆々様。

❷物事を丁寧にいう語。
例お疲れ様。ご苦労様。ごちそう様。
参考❶❷とも、「さん」より敬意が高く、より改まった場で使われる。

さます【覚ます・醒ます】

尊覚まされる・醒まされる／お覚ましになる・お醒ましになる／お覚ましなさる・お醒ましなさる
例電話のベルが鳴って、目をお覚ましになった。
例夜風に当たって酔いを醒まされてはいかがですか。
参考目を覚ます場合、尊敬表現「お目覚めになる」も使われる。謙譲表現はあまり使われない。

される

❶「する」の尊敬語。
例各自で食事をされてからお集まりください。

❷「～する」の尊敬語。
例課長は明日退院されるそうです。
参考❶❷ともに、敬意は比較的軽い。

さわる【触る】

尊さわられる／おさわりになる／おさわりなさる／ふれられる／おふれになる／おふれなさる
例展示品におふれにならないでください。
謙さわらせていただく／ふれさせていただく
例名作の雰囲気にふれさせていただいた。
参考直接的で無遠慮なニュアンスをもつ「さわる」は、「ふれる」で代用されることも多い。

―さん

❶相手の名前や呼び名などについて、軽い尊敬を表す。
例山本さん。お医者さん。お隣さん。

❷物事を丁寧にいう語。

例 お疲れさん。お早うさん。ご苦労さん。

参考 ❶❷とも、「様」より敬意は軽い。

さんかする【参加する】

尊 **参加される／参加なさる／ご参加になる／ご参加なさる**

例 当選した方は、家族でご参加なさいます。

謙 **参加いたす／参加させていただく／末席《まっせき》を汚《けが》す**

例 未熟者ですが、参加させていただきます。

例 本日より議会の末席を汚すこととなりました、寺田です。

命令・依頼 **～してほしい**

尊 **参加してください／ご参加ください／参加してくださいますか／ご参加くださいますか**

例 明日の会議に参加してくださいますか。

謙 **参加していただけますか／ご参加いただけますか／ご参加願います／ご参加願えますか**

例 よろしかったら募金活動にご参加願えますか。

不可能 **～できない**

尊 **ご参加になれません**

例 2名様以上でないとご参加になれません。

謙 **参加いたしかねます**

例 申しわけありませんが、私は参加いたしかねます。

さんしゅう【参集】

尊 **ご参集**

例 ご参集の皆様にお知らせいたします。

さんじょうする【参上する】 謙

「行く」「来る」の謙譲語。

例 こちらから参上いたします。

例 原稿をいただきに参上いたしました。

さんせいする【賛成する】

尊 **賛成される／賛成なさる／ご賛成になる／ご賛成なさる**

例 賛成される方は、挙手でお知らせください。

謙 **賛成いたす／賛成させていただく**

例 私も皆さんの意見に賛成いたします。

参考「賛成する」のかわりに、「賛同する」「同意する」などが使われる場合もある。

し

し【氏】 尊

❶相手の名前や呼び名について、尊敬を表す。敬意はやや軽め。

例 渡辺氏の談話。

❷人数をあらわす「人《にん》」の尊敬語。

例 ご出席の三氏にご意見を伺いましょう。

じあい【自愛】

尊 ご自愛

例 どうかくれぐれもご自愛ください。

参考 手紙文などで使う。

しいか【詩歌】

尊 芳詠《ほうえい》

謙 愚詠《ぐえい》

しえん【支援】

尊 ご支援／ご援助／ご助成

例 これもひとえに皆様のご支援のおかげです。

しかる【叱る】

尊 お叱りになる／お叱りなさる

例 社長はきつくお叱りになった。

謙 お諫《いさ》めする／お諫めいたす／お諫め申し上げる

例 私が社長をお諫めしてみましょう。

命令・依頼 ～してほしい

尊 叱ってください／お叱りください／叱ってくださいますか／お叱りくださいますか

例 悪いところを叱ってくださいますか。

謙 叱っていただけますか／お叱りいただけますか／お叱り願います／お叱り願えますか

例 先生、うちの子を叱っていただけますか。

不可能 ～できない

謙 お諫めできません／お諫めしかねます／お諫めいたしかねます

例 いくら私でもお諫めいたしかねます。

禁止 ～しないでくれ

尊 お叱りにならないでください／お叱りになりませんよう／お叱りくださいませんよう

例 どうかあまりきつくお叱りになりませんよう。

参考 「叱る」は目上の人が目下の者のよくない行動をとがめる意。目下が目上の行動を改めるよう言う場合は、「諫める」「ご意見申し上げる」などが使われる。なお、目上の人がひどく叱ることを「大目玉（お目玉）」（33ページ）という。「大目玉（お目玉）を食う」「大目玉（お目玉）を頂戴《ちょうだい》する」で、目上にひどく叱られる意。

また、自分の文章の添削や批評をたのむ場合は、「叱正《しっせい》」を使って「ご叱正を賜りたく存じます」などの表現が用いられる。

NG 目上をいましめるときは「叱る」を使わない。

× 課長は部長をお叱りになった。

○ 課長は部長をお諫めになった。

しく【敷く】

尊 敷かれる／お敷きになる／お敷きなさる

例 ざぶとんをお敷きになる。

謙 お敷きする／お敷きいたす／お敷き申し上げる／敷かせていただく

例 お布団を敷かせていただきます。

しごと【仕事】

尊 お仕事／お勤め

例 お勤めはどちらですか。

ししょう【師匠】尊

落語家（芸人）などへの敬称。

しずめる【静める・鎮める】

尊 静められる・鎮められる／お静めになる・お鎮めになる／お静めなさる・お鎮めなさる

例 目を閉じて心をお静めになる。

謙 お静めする・お鎮めする／お静めいたす・お鎮めいたす／お静め申し上げる・お鎮め申し上げる

例 薬で痛みをお鎮めします。

じたいする【辞退する】

尊 辞退される／辞退なさる／ご辞退になる／ご辞退なさる

例 先生は、政府からの依頼をご辞退なさった。

謙 辞退いたす／ご辞退する／ご辞退いたす／ご辞退申し上げる／辞退させていただく

例 せっかくのご指名ではございますが、ご辞退申し上げます。

したう【慕う】

尊 慕われる／お慕いになる／お慕いなさる

例 とりわけお兄様をお慕いになる。

謙 お慕いする／お慕いいたす／お慕い申し上げる

例 幼少のころよりお慕いしておりました。

したがう【従う】

尊 従われる

例 結局、部長は社の方針に従われた。

謙 従わせていただく

例 ご忠告には謹んで従わせていただきます。

参考「従う」には自分が下になる意が含まれるため、謙譲表現をともなわない形の「従います」も多く使われる。

じたく【自宅】

↓いえ（↓13ページ）

したしむ【親しむ】

尊 親しまれる

例 小さいころから、アメリカ映画に親しまれてきたそうです。

謙 親しませていただく

例 息子さんとは、高校のときから親しませていただいております。

参考「親しむ」のかわりに、「親しくする」「仲よくする」なども使われる。

しっせい【叱正】

↓ごしっせい（↓94ページ） 謙

しっている【知っている】

尊 ご存じだ／知っていらっしゃる

例 この件について、何か知っていらっしゃいますか？

例 お兄様は何もご存じありません。

謙 存じている／存じ上げている

例 お名前だけは存じています。

例 先生について存じ上げていることを話します。

参考「ご存じだ」は、「知る」行為ではなく「知っている」状態をさす。「存じ上げている」は「存じている」より敬意の高いことば。

Point「ご存じです」と答えない

「ご存じですか」に対して「ご存じです」と答えないこと。

また、「知っております」より「存じております」「存じ上げております」のほうが好印象を与える。

例「田中先生はどの学部にいらっしゃるかご存じですか?」
「存じ上げております。たしか文学部のはずですよ」

しつれいする【失礼する】 謙 他

❶ **「帰る」の謙譲語。**

例 私はそろそろ失礼します。

❷ **(「失礼します」「失礼しました」の形で)ある場所に入ったりそこから退出したりするときの、挨拶のことば。また、謝罪するときの、挨拶のことば。**

例 (ドアをノックして)失礼いたします。

例 長いことお待たせして、失礼いたしました。

❸ **(「失礼ですが」の形で)人に話しかけたり、物を頼んだりするときの、クッションことば。**

例 失礼ですが、竹田様でいらっしゃいますか。

~してあげる【~して上げる】 謙

↓あげる(↓4ページ)

~していただく【~して頂く】 謙

「~してもらう」の謙譲語。

例 先方《せんぽう》にも承諾していただきました。

参考 この「~していただく」と「お(ご)~いただく」は、ともに「~してもらう」の謙譲語。ただし、「お(ご)~いただく」のほうが敬意が高い。

~している

尊 **~されている/~していらっしゃる/~しておいでだ**

例 お嬢様はお部屋で本を読んでいらっしゃいます。

謙 **~しておる/~いたしておる**

例 父はただいま外出しております。

~してくれる

尊 **~してくださる/お(ご)~くださる**

例 書類をお送りくださいましてありがとうございます。

～してもらう

謙 **～していただく／お～いただく／お～たまわる／お～にあずかる**

例 ご丁寧にお答えいただき、ありがとうございます。

例 お褒めにあずかり光栄です。

参考 「お願いして～してもらう」という意味の「お～願う」も、同様の表現。

～してやる

↓やる③（↓232ページ）

しどう【指導】

尊 **ご指導／お引き回し**

例 お引き回しのほどをよろしくお願いいたします。

しぬ【死ぬ】

尊 **亡くなられる／お亡くなりになる／ご永眠なさる／ご他界なさる／お隠れになる**

例 友人のおばあさまが亡くなられました。

例 ご他界なさった先生の蔵書を譲り受けました。

参考 尊敬語の「お隠れになる」は身分の高い人が死ぬ意。現在はあまり使われない。謙譲語はなく、身内には「息を引き取る」「死去する」「永眠する」「他界する」などの、敬意を含まない婉曲《えんきょく》表現が用いられる。また、軽い敬意を含む「亡くなる」も使われる。「不幸がある」は、近親者が死ぬ意で用いられる表現。

Point 死には婉曲表現を用いる

死について話す場合、直接的に「死ぬ」と言うと不吉な感じを与えるので、「息を引き取る」「亡くなる」「他界する」などの婉曲表現を使うようにする。

例

「実は昨晩、祖父が息を引き取りまして…」

「それはご愁傷様でございます」

しぬこと【死ぬこと】

尊 ご永眠／ご他界／ご逝去《せいきょ》

例 ご逝去を悼《いた》み、お悔やみ申し上げます。

参考 「逝去」には敬意が含まれるが、多く「ご逝去」の形で使われる。身内のことをいう場合は、「死去」「永眠」「他界」などが使われる。天皇・皇后・皇太后・太皇太后に対しては「崩御《ほうぎょ》」、皇族または三位《さんみ》以上の人に対しては「薨去《こうきょ》」、高僧に対しては「入《にゅう》滅《めつ》」「遷化《せんげ》」など、特別な敬語が使われる。

しはらう【支払う】

尊 支払われる／お支払いになる／お支払いなさる

例 二次会の会費は、すべて部長がお支払いになりました。

謙 お支払いする／お支払いいたす／お支払い申し上げる／支払わせていただく

例 ここは私どもがお支払いいたします。

参考 「払う」よりもやや改まった印象のことば。

しばる【縛る】

尊 縛られる／お縛りになる／お縛りなさる

例 古本をまとめてお縛りになった。

謙 お縛りする／お縛りいたす／お縛り申し上げる／縛らせていただく

例 傷口を包帯でお縛りいたします。

じぶん【自分】

謙 小生《しょうせい》／手前《てまえ》

例 小生も楽しみにしております。

例 この商品は、手前どもの店でもお取り扱いしております。

参考 「小生」は、おもに男性が手紙などで同等以下の人に用いる。ビジネスシーンでは、男女ともに「私《わたくし》」が多く用いられる。「私」は、「わたし」よりも丁寧な表現。なお、男子学生などが一人称として「自分」を用いる場合もあるが、正式ではない。

しぼる【絞る】

尊 絞られる／お絞りになる／お絞りなさる

例 タオルをお絞りになる。

謙 絞らせていただく

例 ない知恵を絞らせていただきました。

しまう

尊 しまわれる／おしまいになる／おしまいなさる

例 部長はその写真を大切そうにポケットにしまわれた。

謙 しまわせていただく

例 お名刺をしまわせていただきます。

参考 「しまわれる」「おしまいになる」などは、「その本を一日で読んでしまわれた」のように、動作や状態の終わりを意味する「～してしまう」の尊敬表現としても使われる。

しめす【示す】

尊 示される／お示しになる／お示しなさる

例 意思を態度でお示しになる。

謙 お示しする／お示しいたす／お示し申し上げる／示させていただく

例 根拠はのちほどお示しいたします。

参考 「示す」のかわりに、「見せる」が使われる場合もある。

命令・依頼 ～してほしい

尊 示してください／お示しください／示してくださいますか／お示しくださいますか

例 具体的な金額をお示しくださいますか。

謙 示していただけますか／お示しいただけますか／お示し願います／お示し願えますか

例 入り口で招待状をお示しいただけますか。

不可能 ～できません

謙 お示しできません／お示ししかねます／お示しいたしかねます

例 はっきりとした数字はお示しいたしかねます。

しめる【締める・閉める】

尊 締められる・閉められる／お締めになる・お閉めになる／お締めなさる・お閉めなさる

例 お嬢様は金色の帯を締められた。

例 あわてて窓をお閉めになった。

謙 お締めする・お閉めする／お締めいたす・お閉めいたす／お締め申し上げる・お閉め申し上げる／締めさせていただく・閉めさせていただく

例 気持ちを締めさせていただきます

例 本日は閉めさせていただきました。

じゃくはい【若輩・弱輩】謙

自分をへりくだっていう語。

例 若輩の身ではございますが、全力を尽くす所存です。

例 若輩者ですが、よろしくお願いいたします。

参考「若輩・弱輩」は、年の若い人間の意。「若輩者・弱輩者」の形も使われる。

しゃくめいする【釈明する】

尊 釈明される／釈明なさる

例 課長は何も釈明されませんでした。

謙 釈明いたす／釈明申し上げる／釈明させていただく

例 今回の事件について、釈明いたします。

しゃべる【喋る】

↓話す（↓194ページ）

しゃれい【謝礼】

謙 寸志《すんし》／薄謝

参考「寸志」はふつう、目上には使わない。

じゅうしょ【住所】

尊 ご住所／お住まい／おところ

例 ご住所とお名前をおっしゃってください。

例 お住まいはどちらですか。

じゅしょうする【受賞する】

尊受賞される／受賞なさる

例 優秀賞を受賞されたそうです。

謙受賞いたす／受賞させていただく

例 皆様のおかげで受賞いたしました。

しゅじん【主人】 他

妻が自分の夫をさしていう語。

例 主人はただいま外出しております。

参考 「ご」を付けて「ご主人」といえば、人の夫を示す尊敬語になる。

しゅっせきする【出席する】

尊出席される／出席なさる／ご出席になる／ご出席なさる

例 来週のミーティングにご出席なさいますか。

謙出席いたす／ご出席する／ご出席いたす／ご出席申し上げる／出席させていただく／末席《まっせき》を汚《けが》す

例 喜んで、出席させていただきます。

例 長年、県議会の末席を汚してまいりました。

じゅのう【受納】

尊ご受納

例 つまらないものですがご受納ください。

しょう－【小】 謙

自分や自分の側の物事について、謙譲を表す。

例 小誌。小社。小生。小店。

しょうかいする【紹介する】

尊紹介される／紹介なさる／ご紹介になる／ご紹介なさる

例 部長はご子息をご紹介なさった。

謙紹介いたす／ご紹介する／ご紹介いたす／ご紹介申し上げる／紹介させていただく

例 今日は私の友人をご紹介いたします。

受け身 （目上から）～される

謙ご紹介いただく／ご紹介にあずかる

例 ご紹介にあずかりました、野田でございます。

しょうし【小紙】 謙

自分たちが発行している新聞をへりくだっていう語。

例 小紙にご意見をお寄せください。

参考 「弊紙《へいし》」と同義のことば。

しょうし【小誌】 謙

自分たちが発行している雑誌をへりくだっていう語。

例 小誌をご購読いただきありがとう存じます。

参考 「弊誌《へいし》」と同義のことば。

じょうし【上司】

尊 ご上司

例 ご上司とゆっくり相談なさってください。

参考 自分の上司をいう場合は、敬意を含まない「上司」が使われる。

しょうしゃ【小社】 謙

自分が属する会社をへりくだっていう語。

例 カタログは小社へご請求ください。

参考 「弊社《へいしゃ》」と同義のことば。

じょうしゃする【乗車する】

尊 乗車される／乗車なさる／ご乗車になる／ご乗車なさる

例 まもなく発車いたしますので、ご乗車になってお待ちください。

謙 乗車いたす／ご乗車する／ご乗車いたす／ご乗車申し上げる／乗車させていただく

例 私は東京駅から乗車いたします。

参考 「乗車する」のかわりに、「乗る」が使われることもある。

命令・依頼 ～してほしい

尊 乗車してください／ご乗車ください／乗車してくださいますか／ご乗車くださいますか

例 1番ホームからご乗車ください。

謙 乗車していただけますか／ご乗車いただけますか／ご乗車

願います／ご乗車願えますか

例 運賃を入れてからご乗車願えますか。

不可能 ～できない

尊 **ご乗車になれません**

例 切符をお持ちでない方はご乗車になれません。

謙 **乗車いたしかねます**

例 恐れ多くて、社長と一緒には乗車いたしかねます。

NG **「ご乗車できない」を相手に使うのは誤り。**
乗車するのは相手の行為。謙譲表現の「ご乗車できない」を使うのは誤り。

×停車中の電車にはご乗車できません。
○停車中の電車にはご乗車になれません。

しょうしんする【昇進する】

尊 **昇進される／昇進なさる／ご昇進になる／ご昇進なさる**

例 ご昇進なさったそうで、おめでとうございます。

参考 謙譲表現はあまり使われない。

しょうせい【小生】 謙

男性が、同等以下の相手に対して自分をへりくだっていう語。

例 小生もお会いできるのを楽しみにしております。

参考 手紙文に多く使われる。

じょうそう【上奏】 謙

天皇に事情や意見を申し上げること。

例 台風の被害状況について上奏する。

参考 「奏上《そうじょう》」「奏聞《そうもん》」もほぼ同義のことば。

しょうたいされること【招待されること】

↓およばれ（↓51ページ）

しょうたいする【招待する】

尊 **招待される／招待なさる／ご招待になる／ご招待なさる**

例 友人をご自宅に招待なさった。

謙 **招待いたす／ご招待する／ご招待いたす／ご招待申し上げる／招待させていただく**

例 次回は、私どもがご招待申し上げます。

参考 「招待する」のかわりに、「招く」も使われる。

しょうだくする【承諾する】

尊 承諾される／承諾なさる／ご承諾になる／ご承諾なさる

例 社長はなかなかご承諾なさいませんでした。

謙 承諾いたす／承諾させていただく

例 その件については、承諾いたしました。

しょうちする【承知する】

尊 承知される／承知なさる／ご承知になる／ご承知なさる

例 その条件で、先方《せんぽう》はご承知なさいました。

謙 承知いたす／承《うけたまわ》る／かしこまる

例 先日のお話、承知いたしております。

例 事のいきさつは承っております。

例 はい、かしこまりました。

参考 「承知いたしました」「かしこまりました」は、相手の要求を聞き入れたり、仕事を引き受けたりするときなどに使われる。「わかりました」より丁寧な表現。「ご承知おきください」「すでにご承知の通り」などの尊敬表現もよく使われる。

命令・依頼 **～してほしい**

尊 承知してください／ご承知ください／承知してくださいますか／ご承知くださいますか

例 手数料の件、ご承知くださいますか。

謙 承知していただけますか／ご承知いただけますか／ご承知願います／ご承知願えますか

例 あらかじめご承知いただけますか。

不可能 **～できない**

謙 ご承知できません／（ご）承知しかねます／（ご）承知いたしかねます

例 ご提示いただいた条件では、こちらも承知いたしかねます。

しょうのう【笑納】謙

↓ごしょうのう（↓94ページ）

しょうらん【笑覧】謙
↓ごしょうらん（↓94ページ）

しょうらん【照覧】尊
神仏や貴人が見ることをうやまっていう語。
例 神々も（ご）照覧あれ。
参考「ご照覧」の形も使われる。

しょくじ【食事】
謙（お）口汚し／口ふさぎ／粗餐《そさん》
例 ほんのお口汚しですが、召し上がってください。
参考「粗菓」「粗茶」「粗酒」なども、人にすすめる際にへりくだっていう語。

じょくち【辱知】謙
知り合いであることをへりくだっていう語。
例 遠藤先生とは辱知の間柄です。

しょくん【諸君】尊
多くの人々をうやまっていう語。あなた方。皆さん。
例 諸君の健闘を祈ります。
参考 おもに男性が、同輩以下の人々に対して用いる。「諸賢」よりも敬意は軽い。

しょけん【諸賢】尊
多くの人々をうやまっていう語。皆様。
例 読者諸賢のご意見を伺いたいと存じます。
参考「諸君」よりも敬意は高い。

しょし【諸氏】尊
複数の人々をうやまっていう語。皆さん。
例 安藤・島田・鈴木の諸氏によるコラボレーション。

じょし【女史】尊
社会的地位や名声をもつ女性の名前に付けて、尊敬を表す。
例 ヘレン・ケラー女史の功績を称える。

参考 現在では、男女ともに「氏」を使うことが多い。

しょりする【処理する】

尊 **処理される／処理なさる／取り計らわれる／お取り計らいになる／お取り計らいなさる**

例 事後処理は、部長がうまくお取り計らいになるでしょう。

謙 **処理いたす／処理させていただく／お取り計らいする／お取り計らいいたす／お取り計らい申し上げる／取り計らわせていただく**

例 お申し越しの件、私が取り計らわせていただきます。

参考「処理する」のかわりに、「取り計らう」が使われることも多い。

命令・依頼 ～してほしい

尊 **処理してください／処理してくださいますか／お取り計らいください／お取り計らいくださいますか**

例 例の件、よろしくお取り計らいください。

謙 **処理していただけますか／お取り計らいいただけますか／お取り計らい願えますか**

例 今月中にお取り計らいいただけましたら幸いです。

不可能 ～できない

謙 **処理いたしかねます／お取り計らいいたしかねます**

例 保証期間を過ぎておりますので、無料修理はお取り計らいいたしかねます。

しらせる【知らせる】

尊 **お知らせになる／お知らせなさる**

例 ご両親にお知らせになりましたか。

謙 **お知らせする／お知らせいたす／お知らせ申し上げる／ご案内する／ご案内いたす／ご案内申し上げる／案内させていただく**

例 入荷いたしましたら、お知らせ申し上げます。発売日が決定したらメールでご案内いたします。

参考「知らせる」のかわりに、「連絡する」「通知する」などが使われることもある。また、謙譲表現では「案内する」なども使われる。

命令・依頼 ～してほしい

尊 知らせてください／お知らせください／知らせてくださいますか／お知らせくださいますか

例 部長が戻られたら、知らせてください。

謙 知らせていただけますか／お知らせいただけますか／お知らせ願います／お知らせ願えますか

例 転居先が決まり次第、お知らせいただけますか。

不可能 ～できない

謙 お知らせできません／お知らせしかねます／お知らせいたしかねます

例 こちらからはお知らせいたしかねます。

禁止 ～しないでくれ

尊 お知らせにならないでください／お知らせになりませんよう／お知らせくださいませんよう

例 どなたにもお知らせになりませんようお願い申し上げます。

しらべる【調べる】

尊 調べられる／お調べになる／お調べなさる

例 すでに図書館でお調べになったそうです。

謙 お調べする／お調べいたす／お調べ申し上げる／調べさせていただく

例 ただいま営業所の住所をお調べいたします。

参考 「調べる」のかわりに、「調査する」「確認する」などが使われる場合もある。

命令・依頼 ～してほしい

尊 調べてください／お調べください／調べてくださいますか／お調べくださいますか

例 汚染の原因をお調べください。

謙 調べていただけますか／お調べいただけますか／お調べ願います／お調べ願えますか

例 お手数ですが、A社の連絡先をお調べいただけますか。

NG 「お調べしていただけますか」は誤り。

謙譲表現の「～していただけますか」と「お～いただけますか」を混用した、「お～していただけますか」は誤り。

× どちらが早いかお調べしていただけますか。

○ どちらが早いかお調べいただけますか。

しりあい【知り合い】

謙 **お近づき**

例 お近づきになれてうれしゅうございます。

参考 「お近づき」は、交際することをへりくだっていう語。

しりあいであること【知り合いであること】

謙 **辱知《じょくち》**

例 先生とは辱知の間柄でございます。

参考 「自分を知っていてくださることをありがたく思う」の意で、へりくだっていう語。

しりぞく【退く】

尊 **退かれる／引かれる／お引きになる／お引きなさる／下がられる／お下がりになる／お下がりなさる**

例 今年いっぱいで現役を退かれるそうだ。

謙 **退かせていただく／お引きする／お引きいたす／お引き申し上げる／引かせていただく／お下がりする／下がらせていただく**

例 本日をもちまして、役員を退かせていただきます。

参考 「退く」のかわりに、「引く」「下がる」「引退する」などが使われることもある。

しる【知る】

尊 **お知りになる／お聞きになる**

例 この件について、もっとお聞きになりますか。

謙 **お聞きする／お聞きいたす／お聞き申し上げる**

例 いろいろお聞きしたいことがございます。

参考 「知る」行為よりも、「知っている」（↓113ページ）状態について多く敬語が使われる。「知る」行為について敬意を表す場合、「聞く」などの他のことばに置き換えられることが多い。

しるしばかり【印ばかり】 謙

人に品物などを贈るときにへりくだっていう語。

例 印ばかりの品ですが、お納めください。

参考 「印ばかり」は、「ごくわずか」「形だけ」の意。

しんじる【信じる】

尊 信じられる／お信じになる／お信じなさる

例 相手の話をお信じになるのですか。

謙 信じさせていただく

例 お言葉を信じさせていただきます。

参考 「信じる」のかわりに、「信頼する」が使われることもある。

しんてい【進呈】謙

「贈ること」の謙譲語。差し上げること。

例 お申し込みいただいた方に粗品を進呈いたします。

参考 「謹呈《きんてい》」「呈上《ていじょう》」「拝呈《はいてい》」なども同義のことば。

しんぱいする【心配する】

尊 心配される／心配なさる／ご心配になる／ご心配なさる／案じられる／ご案じになる／ご案じなさる

例 ご両親もずいぶん心配なさったようですよ。

謙 心配いたす／ご心配申し上げる／ご案じ申し上げる

例 お返事がないので、ご心配申し上げておりました。

参考 「心配する」のかわりに、「案じる」「気遣う」「配慮する」などが使われる場合もある。

しんぶん【新聞】

尊 貴紙

例 貴紙の日曜版の記事について、伺いたい点があります。

謙 弊紙《へいし》／小紙

例 先日の小紙の記事に誤りがありました。

しんもつ【進物】

↓ごしんもつ（↓94ページ）

すいさつ【推察】

尊(ご)高察／(ご)賢察／(ご)明察

例すべてご賢察の通りです。

謙拝察

例ご心中、拝察いたします。

参考「ご推察」「お察し」は、状況によって尊敬語としても謙譲語としても使われる。

すいさんする【推参する】 謙

「訪問する」の謙譲語。

例先日は、突然推参いたしまして失礼をいたしました。

参考やや古風な表現。「推参《おしまいる》」を音読みしたことばで、もとは「押しかける」の意。

すう【吸う】

尊吸われる／お吸いになる／お吸いなさる

例少し外の空気をお吸いになりますか。

謙吸わせていただく

例一本吸わせていただいてもよろしいですか。

すぐ

↓すみやか(↓130ページ)

すくう【救う】

尊救われる／お救いになる／お救いなさる

例私財をなげうって、会社の危機をお救いになった。

参考「救う」はほどこす意味合いがあるので、目上に対する謙譲表現にはあまり用いない。あえて使うとすれば、「手伝う」などを用いた「手伝わせていただく」「お手伝いさせていただく」など。

すごす【過ごす】

尊過ごされる／お過ごしになる／お過ごしなさる

例1週間ほど軽井沢でお過ごしになった。

謙過ごさせていただく

例すばらしい学校生活を過ごさせていただきました。

すすむ【進む】

尊進まれる／お進みになる／お進みなさる

例ご子息は大学院へお進みになるそうです。

謙進ませていただく

例自分の決めた道を進ませていただきます。

参考「進む」のかわりに、「前進する」などが使われる場合もある。

すすめる【進める】

尊進められる／お進めになる／お進めなさる

例計画を先へお進めになった。

謙進めさせていただく

例近隣のご了解をいただいたので、予定通り工事を進めさせていただきます。

すすめる【勧める・薦める】

尊勧められる・薦められる／お勧めになる・お薦めになる／お勧めなさる・お薦めなさる

例お客様に夕食をお勧めになった。

謙お勧めする・お薦めする／お勧めいたす・お薦めいたす／お勧め申し上げる・お薦め申し上げる／勧めさせていただく・薦めさせていただく

例この本をお薦めします。

すてる【捨てる】

尊捨てられる／お捨てになる／お捨てなさる

例望みをお捨てになりませんよう。

謙捨てさせていただく／処分いたす／処分させていただく

例書類はこちらで処分いたします。

参考「捨てる」にはマイナスイメージがあるため、謙譲表現では「処分する」などが使われることもある。

すます【済ます】

尊 済まされる／お済ましになる／お済ましなさる

例 朝食はパンとコーヒーだけでお済ましになる。

参考 謙譲表現は使われない。

すみません【済みません】 他

お礼やお詫びをしたり、何かを頼んだりするときのことば。

例 お返事が遅れてすみませんでした。

例 すみませんが、窓を開けていただけますか。

参考 とくにビジネスシーンなどにおいては、お詫びのことばは「すみません」ではなく、より丁寧な「申しわけございません」などを用いるのがふつう。

すみやか【速やか】 他

「すぐ」の改まった言い方。

例 速やかに対処させていただきます。

すむ【住む】

尊 住まれる／お住みになる／お住みなさる

例 一度お住みになってみてはいかがですか。

参考「住む」のかわりに、「暮らす」「生活する」などが使われることもある。謙譲表現はあまり使われない。

する

尊 される／なさる／あそばす

例 若いころは相当な苦労をされたそうです。

謙 いたす／させていただく

例 未熟者ですが、精一杯の努力をいたします。

参考「なさる」は「お（ご）～なさる」の形で、付け足し型の尊敬表現になる。「あそばす」は、やや古風な表現で非常に敬意が高い。おもに女性が用いたが、現在はほとんど使われない。

「いたす」は「お（ご）～いたす」の形で、付け足し型の謙譲表現になる。また、「いたす」には、「日本なら一万円はいたします」のような丁寧の用法もある。「させていただく」は「〜させていただく」の形で、敬意の高い付け足し型の謙譲表現になる。

Point「なさる」のほうが丁寧

例「部長はお料理をなさるそうですね」「ええ。休日はよく作りますよ」

「される」を使って「料理をされる」と言ってもかまわないが、「料理をなさる」のほうがより丁寧な印象を与える。

〜する

尊〜される／〜なさる／お（ご）〜になる／お（ご）〜なさる

例 例の件はもう処理されたそうです。

例 ご自宅に電話なさいましたか。

例 何時ごろにお約束なさいましたか。

謙〜いたす／お（ご）〜する／お（ご）〜いたす／お（ご）〜申し上げる／〜させていただく

例 新品に交換いたします。

例 部長には私からご報告します。

例 私が直接ご返事いたします。

例 こちらからご連絡申し上げます。

参考「〜する」は「名詞＋する」。「〜される」「〜いたす」などの「〜」の部分には、おもに「処理」「電話」「約束」といった漢語の名詞が入る。

すわる【座る】

尊座られる／お座りになる／お座りなさる／おかけになる／おかけなさる

例 一番右にお座りになっている方が、田中先生です。

謙座らせていただく／かけさせていただく

例 では、失礼して座らせていただきます。

命令・依頼 〜してほしい

尊座ってください／お座りください／座ってくださいますか／お座りくださいますか／おかけください／おかけくださいますか／ご着席ください／ご着席くださいますか

例 よろしかったら、あちらのソファーにおかけください。
謙 **座っていただけますか／お座りいただけますか／お座り願います／お座り願えますか／おかけいただけますか／おかけ願えますか／ご着席いただけますか／ご着席願えますか**
例 一番前の方はお座りいただけますか。
ご来場の皆様、ご着席願えますか。
参考 とくに相手に席をすすめる場合は、「座る」のかわりに「かける」や「着席する」が使われることが多い。

すんー【寸】 謙

自分の側の物事について、謙譲を表す。
例 寸簡。寸志。寸書。
参考「寸」は「ごくわずか」の意。

すんし【寸志】 謙

❶自分の気持ちをへりくだっていう語。
❷心ばかりの贈り物をへりくだっていう語。
参考 目上の人に対しては使わない。❶は、「微志」「微意」などとほぼ同義。❷は、のし紙の上などにも書く。

すんしょ【寸書】 謙

自分の手紙をへりくだっていう語。
参考「寸簡」「寸楮《すんちょ》」も同義のことば。

せ

せいえい【清栄】他
（多く「ご清栄」の形で）相手の健康や繁栄を祝う、挨拶のことば。
例 貴家ますますご清栄の段、お慶び申し上げます。
参考 おもに手紙文で用いる。

せいきょ【逝去】尊
「死ぬこと」の尊敬語。
例 ご尊父様のご逝去を悼《いた》み、一言ご挨拶申し上げます。
参考 身内には使わない。「ご逝去」の形でも使われる。

せいしょう【清祥】他
（多く「ご清祥」の形で）相手が幸せに暮らしていることを喜ぶ、挨拶のことば。
例 皆様ますますご清祥のこととお慶び申し上げます。
参考 おもに手紙文で用いる。

せいぞう【製造】
謙 謹製《きんせい》
例 当店謹製の和菓子。
参考 「謹製」は、とくに「食品を作ること」の意で使われる。

せいちょう【清聴】尊
「聞くこと」の尊敬語。相手が自分の話を聞いてくれること。
例 ご清聴ありがとうございます。
参考 「ご清聴」の形で使われることが多い。

せいらん【清覧】尊
「見ること」の尊敬語。手紙文などで、相手が見ること。
例 どうかご清覧願います。
参考 「ご清覧」の形で使われることが多い。

せおう【背負う】
尊 背負われる
例 背負われているお荷物を下ろしてください。

謙 背負わせていただく
例 すべての責任を背負わせていただきます。

せがれ【倅】 謙
自分の息子をへりくだっていう語。
例 うちのせがれがいつもお世話になっております。
参考「愚息《ぐそく》」「豚児《とんじ》」もほぼ同義のことば。

ーぜき【関】 尊
十両以上の力士の名に付ける敬称。

せつ【節】 他
「とき」「ころ」の改まった言い方。
例 その節はどうもお世話になりました。

せつー【拙】 謙
自分の持ち物や行為について、謙譲を表す。
例 拙宅。拙著。拙作。拙文。

参考「拙」は「つたない」の意。

せったく【拙宅】 謙
自分の家をへりくだっていう語。
例 ぜひ拙宅へも遊びにいらしてください。
参考「小宅」「あばら屋」「弊屋《へいおく》」「陋宅《ろうたく》」「寓居《ぐうきょ》」なども、同義のことば。

せつめいする【説明する】
尊 説明される／説明なさる／ご説明になる／ご説明なさる
例 進行状況は、部長がご説明なさった通りです。
謙 説明いたす／ご説明する／ご説明いたす／ご説明申し上げる／説明させていただく
例 サービス内容については私からご説明申し上げます。
命令・依頼 ～してほしい
尊 説明してください／ご説明ください／説明してくださいますか／ご説明くださいますか
例 恐れ入りますが、もう一度説明してくださいますか。

謙 **説明していただけますか／ご説明いただけますか／ご説明願います／ご説明願えますか**

例 お手数ですが、経緯を説明していただけますか。

不可能 ～できない

謙 **ご説明できません／ご説明しかねます／ご説明いたしかねます**

例 プライバシーにかかわることですので、私からはご説明いたしかねます。

NG **「ご説明される」は誤り。**

謙譲表現の「ご説明する」と尊敬表現の「説明される」を混用した、「ご説明される」は誤り。

×島本課長が皆様にご説明された通りです。

○課長の島本が皆様にご説明した通りです。

せめる【責める】

尊 **責められる／お責めになる／お責めなさる／とがめられる／おとがめになる／おとがめなさる**

例 ひどくご自分をお責めになっている様子でした。

例 あまりおとがめにならないでください。

参考「責める」のかわりに、「とがめる」「非難する」などが使われる場合も多い。謙譲表現はあまり使われない。

せんー【浅】 謙

自分の持ち物や行為について、謙譲を表す。

例 浅学。浅見。浅才。

参考「浅」は「あさい」「未熟な」の意。

せんがく【浅学】 謙

自分の学問や知識をへりくだっていう語。

例 浅学の身で私見を述べるのは…。

参考「知識が浅いこと」の意。一通りの学識を身に付けている人物が、へりくだって用いる語。「浅学非才」もほぼ同義。

せんけん【浅見】 謙

自分の意見をへりくだっていう語。

例 さしでがましいようですが、浅見を述べさせていただきます。

参考「浅はかな意見」の意。

せんさい【浅才】 謙

自分の才能をへりくだっていう語。

例 浅才な私の出る幕ではございません。

参考「浅はかな才能」の意。

せんせい【先生】 尊

その道の専門家や指導的立場にある人をうやまっていう語。

例 先生、つぎの選挙には出馬なさいますか。

参考 教師や医師だけでなく、弁護士や政治家などにも使う。また、人名や職名に付けて、「中野先生」「校長先生」のようにも使う。

せんぽう【先方】

尊 あちら様／向こう様／先様《さきさま》

例 先様のご希望により、会場が変更になりました。

参考「あちら様」「向こう様」は、軽い敬意を含む表現。

そ

そー【粗】謙

自分の持ち物について、謙譲を表す。

例 粗餐《そさん》。粗品。粗酒。粗茶。

参考 「粗」は「そまつな」の意。

そうけん【壮健】

尊 **ご壮健／お元気**

例 お父様もご壮健とのこと、安心いたしました。

そうじょう【奏上】謙

天皇や国王に申し上げること。

例 事件の詳細については、大臣から国王に奏上した。

参考 「上奏《じょうそう》」「奏聞《そうもん》」もほぼ同義のことば。

そうだんする【相談する】

尊 **相談される／相談なさる／ご相談になる／ご相談なさる**

例 どのような内容についてご相談なさいましたか。

謙 **相談いたす／ご相談する／ご相談いたす／ご相談申し上げる／相談させていただく**

例 後日、改めてご相談申し上げます。

命令・依頼 ～してほしい

尊 **相談してください／ご相談ください／相談してくださいますか／ご相談くださいますか**

例 具体的な日程は、お二人でご相談くださいますか。

謙 **相談していただけますか／ご相談いただけますか／ご相談願います／ご相談願えますか**

例 部長と相談していただけますか。

不可能 ～できない

謙 **ご相談できません／ご相談しかねます／ご相談いたしかねます**

例 私からはご相談いたしかねます。

NG **「ご相談してください」は誤り。**

尊敬表現の「相談してください」と「ご相談ください」を混用した、「ご相談してください」は誤り。

×先生に直接ご相談してください。
○先生に直接ご相談ください。

そうふする【送付する】

尊 送付される／送付なさる／ご送付になる／ご送付なさる

例 記入した書類をどちらに送付なさいましたか。

謙 送付いたす／ご送付する／ご送付いたす／ご送付申し上げる／送付させていただく

例 会議の資料を先日送付いたしました。

参考 「送付する」のかわりに、「送る」なども使われる。

そしな【粗品】謙

相手に贈る品物をへりくだっていう語。

例 ご来店いただいた方に、粗品を差し上げております。

そそぐ【注ぐ】

尊 注がれる

例 お孫さんに愛情を注がれる。

参考 謙譲表現はあまり使われない。

そだてる【育てる】

尊 育てられる／お育てになる／お育てなさる

例 男手ひとつでお嬢様をお育てになったそうです。

謙 お育てする／お育ていたす／お育て申し上げる／育てさせていただく

例 私がお嬢様をお育て申し上げます。

参考 「育てる」のかわりに、「養育する」なども使われる。

そちゃ【粗茶】謙

人に出すお茶をへりくだっていう語。

例 粗茶でございます。

参考 「そまつなお茶」の意。

そちら【其方】他

「そっち」「それ」の丁寧な言い方。

例 これからそちらに参ります。

例 そちらの品物を見せていただけますか。

そなえる【供える・備える】

尊 供えられる・備えられる／お供えになる・お備えになる／お供えなさる・お備えなさる

例 災害のときのために、倉庫に非常食を備えられた。

例 神棚にお神酒《みき》をお供えになった。

謙 お供えする・お備えする／お供えいたす・お備えいたす／お供え申し上げる・お備え申し上げる／供えさせていただく・備えさせていただく

例 仏前に花をお供えいたします。

そふ【祖父】

尊 おじい様

参考 自分の側についていう場合は、敬意を含まない「祖父」が使われる。

そぼ【祖母】

尊 おばあ様

参考 自分の側についていう場合は、敬意を含まない「祖母」が使われる。

そむく【背く】

尊 背かれる／反対される／反対なさる

例 課長は部長のご意見に反対なさった。

謙 反対いたす／反対させていただく

例 このご提案に、営業部としては反対させていただきます。

参考 「背く」のかわりに、「反対する」などが使われることも多い。

そめる【染める】

尊 染められる／お染めになる／お染めなさる

例 髪を茶色にお染めになった。

謙 染めさせていただく

例 お店ののれんを染めさせていただきます。

そる【剃る】

尊 剃られる／お剃りになる／お剃りなさる

例 毎朝、顔をお剃りになるのですか。

謙 お剃りする／お剃りいたす／お剃り申し上げる／剃らせていただく

例 ひげをお剃りいたしましょうか。

それ

→そちら（→138ページ）

そろえる【揃える】

尊 揃えられる／お揃えになる／お揃えなさる

例 会長は、お孫さんのために入学準備の品を揃えられたそうです。

謙 揃えさせていただく

例 必要なものは何でも揃えさせていただきます。

そん－【尊】 尊

相手の側の人や物事について、尊敬を表す。

例 尊意。尊影。尊顔。尊家《そんか》。尊兄《そんけい》。尊名。尊父。尊慮。

参考 「尊」は「とうとい」の意。

そんか【尊家】 尊

相手の家や家族をうやまっていう語。

参考 「尊宅」「尊堂」「貴家」もほぼ同義。

そんがん【尊顔】 尊

他人の顔をうやまっていう語。

例 ご尊顔を拝して参りました。

参考 多く「ご尊顔」の形で使われる。

ぞんじあげる【存じ上げる】 謙

「知る」の謙譲語。

例 御社の社長のことは、私もよく存じ上げております。

参考 「存じる」よりも敬意の高い謙譲語。

ぞんじる【存じる】謙

❶「知る」「承知する」の謙譲語。

例 それ以上のことは何も存じません。

❷「思う」「考える」の謙譲語。

例 また、お目にかかりたく存じます。

例 それがよろしいかと存じます。

参考 「ぞんじる」は「ぞんずる」ともいう。「存じ上げる」はさらに敬意の高い謙譲語。「ご存じ」は、相手が「知っていること」を表す尊敬語。「知っていらっしゃる」の意。

NG「存じる」を相手に使うのは誤り。

×部長も存じているそうです。

○部長もご存じだそうです。

そんめい【尊名】尊

相手の名前をうやまっていう語。

例 ご尊名はかねがね伺っておりました。

参考 多く「ご尊名」の形で使われる。「(ご)高名《こうめい》」「(ご)芳《ほう》名《めい》」「お名前」なども同義。

そんりょ【尊慮】尊

相手の考えをうやまっていう語。

例 ご尊慮のほどをお伺いしたいのですが。

参考 多く「ご尊慮」の形で使われる。「お考え」「思《おぼ》し召し」「貴《き》意《い》」「ご意見」「(ご)高見」なども同義のことば。

た

たいけい【大兄】 尊
男性が、同年輩または年上の友人をうやまっていう語。
例 大兄のご高見を承りたいのですが。
参考 おもに手紙文で使われる語。

たいちょう【体調】
尊 お加減／お具合
例 その後、お加減はいかがですか。
参考 とくに病気の具合をいう場合は、「ご容態」も使われる。

たえる【耐える】
尊 耐えられる／こらえられる／我慢される／我慢なさる／辛抱される／辛抱なさる／ご辛抱になる／ご辛抱なさる
例 痛みに耐えられているご様子です。
例 ずいぶん長い間ご辛抱なさったようです。
謙 我慢いたす／辛抱いたす
例 あとひと息ですから辛抱いたしましょう。
参考 「耐える」のかわりに、「こらえる」「我慢する」「辛抱する」などが使われることが多い。

たおす【倒す】
尊 倒される／お倒しになる／お倒しなさる
例 どうやってライバルを倒されたのですか。
謙 倒させていただく
例 お庭の古木を倒させていただきます。

たおれる【倒れる】
尊 倒れられる／お倒れになる／お倒れなさる
例 昨晩、お母様が倒れられたそうです。
参考 「倒れる」の謙譲表現は使われない。

たく【炊く・焚く】
尊 炊かれる・焚かれる／お炊きになる・お焚きになる／お炊きなさる・お焚きなさる

例 お香をお焚きになりましたか。

謙 炊かせていただく・焚かせていただく

例 ご飯を4人分炊かせていただきます。

だく【抱く】

尊 抱かれる／お抱きになる／お抱きなさる

例 人形をお抱きになったままお休みになりました。

謙 抱かせていただく

例 赤ちゃんを抱かせていただいてもよろしいですか。

たくわえる【蓄える】

尊 蓄えられる

例 十分に体力を蓄えられたご様子です。

謙 蓄えさせていただく

例 協力者の皆様のおかげで、資金を蓄えさせていただきました。

たしかめる【確かめる】

尊 確かめられる／お確かめになる／お確かめなさる

例 ご自分の目でお確かめになるのが一番です。

謙 お確かめする／お確かめいたす／確かめさせていただく

例 住所をお確かめいたしますので少々お待ちください。

参考 「確かめる」のかわりに、「確認する」が使われることも多い。

たす【足す】

尊 足される／お足しになる／加えられる／お加えになる／お加えなさる

例 塩を少し足されたほうがよろしいでしょう。

謙 お足しする／足させていただく／加えさせていただく

例 油を加えさせていただきます。

参考 「足す」のかわりに、「加える」「プラスする」などが使われることもある。

だす【出す】

尊 **出される／お出しになる／お出しなさる**

例 お手をお出しにならぬよう、お願いいたします。

謙 **お出しする／お出しいたす／お出し申し上げる／出させていただく**

例 お客様にお料理をお出ししてください。

たすける【助ける】

尊 **助けられる／お助けになる／お助けなさる／お力添えなさる／手伝われる／お手伝いなさる／（お）手を貸される／（お）手をお貸しになる／（お）手をお貸しなさる**

例 川に落ちた子どもをお助けになった。

例 ご子息の事業にお力添えなさったそうですね。

例 ご友人にお手をお貸しにならないのですか。

謙 **お力添えする／お力添えいたす／お力添え申し上げる／お手伝いする／お手伝いいたす／お手伝い申し上げる／手伝わせていただく**

例 及ばずながらお力添えいたします。

例 私でよければいつでも手伝わせていただきます。

参考 力を「ほどこす」というニュアンスをもつ「助ける」より、「力添えする」「手伝う」「手を貸す」といった婉曲《えんきょく》表現のほうが好まれる。とくに謙譲表現の場合、「助ける」はほとんど使われない。

命令・依頼 **～してほしい**

尊 **お力添えください／お力添えくださいますか／（お）手をお貸しください／（お）手をお貸しくださいますか**

例 お忙しいところ恐縮ですが、お手をお貸しくださいますか。

謙 **お力添えいただけますか／お力添え願えますか／（お）手をお貸しいただけますか／（お）手をお貸し願えますか／お手伝いいただけますか／お手伝い願えますか**

例 恐れ入りますが、お力添えいただけますか。

例 なんとかお力添え願えますでしょうか。

たずさわる【携わる】

尊 **携わられる**

例 現在の研究に携わられたきっかけをお話しください。

謙 携わらせていただく

例 長年この仕事に携わらせていただいております。

たずねる【訪ねる】

尊 訪ねられる／お訪ねになる／お訪ねなさる／訪問される／訪問なさる／ご訪問になる／ご訪問なさる

例 ぜひ金沢をお訪ねになってください。

謙 お訪ねする／お訪ねいたす／伺う／お伺いする／お伺いいたす／伺わせていただく／上がる／おじゃまする

例 機会がありましたら、ぜひお伺いいたします。

参考「訪ねる」のかわりに、「訪問する」が使われることもある。謙譲表現としては、「伺う」「上がる」「おじゃまする」などを用いるほうが一般的。

たずねる【尋ねる】

尊 尋ねられる／お尋ねになる／お尋ねなさる／お聞きになる／お聞きなさる／お問い合わせになる／お問い合わせなさる

例 かかりつけの先生にお尋ねになってはいかがですか。

謙 お尋ねする／お尋ねいたす／お尋ね申し上げる／尋ねさせていただく／お聞きする／お聞きいたす／お問い合わせする／お問い合わせいたす／伺う／お伺いする

例 いくつかお聞きしたい点がございます。

参考 状況によっては、「尋ねる」のかわりに「聞く」「問い合わせる」などが使われることもある。また、謙譲語では「伺う」なども使われる。

Point 相手には「お尋ねになる」を使う

相手が尋ねる場合は、尊敬表現「お尋ねになる」を使う。

例「すみません。先日、このあたりに眼鏡を置き忘れたのですが…」

「お手数ですが、フロントでお尋ねになってください」

ただいま【只今】他

❶「今」のやや改まった言い方。今すぐ。

例 ただいまそちらへ参ります。

❷外から帰ってきたときの、挨拶のことば。

参考 ❷は「ただいま帰りました」の略。

たたかう【戦う】

尊 **戦われる**

例 これまで、何度もチャンピオンと戦われてきたと思います。

謙 **戦わせていただく**

例 皆様のご期待に添うべく、優勝をめざして戦わせていただきます。

ーたち【達】

尊 **方《がた》**

例 先生方。あなた方。

謙 **ども／ら**

例 私ども。手前ども。私ら。

参考「ら」は謙譲のほか、「君ら」「やつら」など、親愛や軽《けい》蔑《べつ》の意を含んで使われる場合もある。「たち」も、古くは高い敬意を含んだことばで、「公達《きんだち》」のように貴人や神にのみついた。

たちよる【立ち寄る】

尊 **立ち寄られる／お立ち寄りになる／お立ち寄りなさる**

例 お帰りの際にでも、お立ち寄りになってください。

参考「立ち寄る」は、「気楽に訪問する」「ついでに寄る」というニュアンスがあるため、謙譲表現としてはふさわしくない。

たつ【立つ】

尊 **立たれる／お立ちになる／お立ちなさる**

例 先生は、軽く会釈をなさって席をお立ちになった。

謙 **立たせていただく**

例 失礼して、席を立たせていただきます。

参考「立つ」のかわりに、「起立する」が使われることもある。

命令・依頼 **～してほしい**

尊 **立ってください／お立ちください／立ってくださいますか**

／お立ちくださいますか／ご起立くださいますか／ご起立くださいますか

例 後ろのお客様、恐縮ですがお立ちくださいますか。

謙 立っていただけますか／お立ちいただけますか／お立ち願います／お立ち願えますか／ご起立いただけますか／ご起立願えますか

例 ご親族の方はご起立願えますか。

たつ【断つ・絶つ】

尊 断たれる・絶たれる／お断ちになる・お絶ちになる／お断ちなさる・お絶ちなさる

例 ご友人が南アルプス登山中に消息を絶たれたそうです。

謙 断たせていただく・絶たせていただく

例 今後は一切関係を断たせていただきます。

たてる【立てる】

尊 立てられる／お立てになる／お立てなさる

例 夏休みのご予定をお立てになりましたか。

謙 立てさせていただく

例 こちらに看板を立てさせていただいてもよろしいでしょうか。

たどる【辿る】

尊 たどられる

例 地図をたどられながらお進みになった。

謙 たどらせていただく

例 創業者の足跡をたどらせていただきました。

たのしむ【楽しむ】

尊 楽しまれる／お楽しみになる／お楽しみなさる

例 皆さん、お楽しみになっているようです。

謙 楽しませていただく

例 ご配慮いただいたおかげで、家族全員楽しませていただきました。

たのむ【頼む】

尊 **頼まれる／お頼みになる／お頼みなさる**

例 お父様にお頼みになってはいかがですか。

謙 **お頼みする／お頼みいたす／お頼み申し上げる／お願いいたす／お願い申し上げる**

例 融資の件、どうかお願い申し上げます。

参考 謙譲表現では、「頼む」のかわりに「願う」や「依頼する」が使われる場合が多い。

たべる【食べる】

尊 **上がる／お上がりになる／召し上がる／お召し上がりになる**

例 もう少しケーキを召し上がりますか。

謙 **いただく／頂戴《ちょうだい》する**

例 お言葉に甘えて、夕飯をいただいて帰ります。

参考 尊敬語・謙譲語は、それぞれ「飲む」意味でも使われる。尊敬語「上がる」「召し上がる」は、「お〜になる」を併用すると二重敬語になるが、ともに慣用として使われる。「いただく」には、「毎朝、フルーツをいただきます」のような丁寧語の用法もある。

Point 「お上がりください」も使われる

「お上がりになる」と同様に、「上がる」と「お〜ください」を併用した「お上がりください」も二重敬語だが、「食べてほしい」意の尊敬表現としてよく使われる。

例

「どうぞ、冷めないうちにお上がりください」

「では、お先にいただきます」

たぼう【多忙】

尊 **ご多忙／ご多用**

例 ご多忙中、恐縮ですがよろしくお願いいたします。

「ご多忙中」「ご多用中」のかわりに、**「お忙しいところ」と言うこともできる。**

た

たまえ【給え】他

(「〜したまえ」の形で)親しみを込めた命令を表す。

例 原田君、ちょっと来たまえ。

例 遠慮せずに、早く帰りたまえ

例 ちょっと待ちたまえ。

参考 多く、男性が同輩以下に対して用いることば。もとは、尊敬語「給う」の命令形だが、敬意はほとんどない。

だまる【黙る】

尊 黙られる/お黙りになる/お黙りなさる/口を閉ざされる

例 先生は、それっきりお黙りになった。

例 その件については、口を閉ざされたままです。

参考 「黙る」のかわりに、「口を閉ざす」も使われる。「黙る」の謙譲表現は使われない。

たまわる【賜る】謙尊

❶「もらう」の謙譲語。いただく。

例 ゲストの方からおことばを賜りたいと思います。

例 ご愛顧を賜り、誠にありがとうございます。

❷「くれる」の尊敬語。くださる。

例 社長みずから、お褒めのことばを賜った。

参考 敬意は非常に高い。

ためす【試す】

尊 試される/お試しになる/お試しなさる

例 新しい商品もお試しになってみますか。

謙 お試しする/お試しいたす/お試し申し上げる/試させていただく

例 別の方法も試させていただきます。

ためらう

尊 ためらわれる/躊躇《ちゅうちょ》される/躊躇なさる

例 躊躇なさるお気持ち、お察しいたします。

謙 躊躇いたす

例 初めての経験なので、さすがに躊躇いたしました。

参考 とくに謙譲表現では、「ためらう」のかわりに「躊躇する」が使われる。また、敬意を含まない「ためらう」の形も使われる。

たもつ【保つ】

尊 保たれる

例 かろうじて体面を保たれたようです。

参考 謙譲表現は使われない。

たよる【頼る】

尊 頼られる／頼りにされる／頼りになさる／頼みにされる／頼みになさる

例 ご自分の経験を頼られるのがいちばんです。

謙 頼らせていただく／おすがりする

例 何かあったときは、ぜひ頼らせていただきます。

例 先生のお力におすがりするほか、手立てがございません。

参考 「頼る」のかわりに、「頼りにする」「頼みにする」「すがる」なども使われる。

だれ【誰】

尊 どちら様／どなた（様）

例 どちら様でいらっしゃいますか。

例 どなた様がお見えになりましたか。

NG 社内の人間に「どなた様」を使うのは誤り。

× どなた様をお呼びしましょうか。

○ だれをお呼びしましょうか。

だんなさま【だんな様】 尊

他人の夫をうやまっていう語。

例 だんな様は何時ごろお帰りですか。

参考 「様」をともなわない「だんな」は、一般に妻が自分の夫をさす語として使われる。「だんな」は「旦那・檀那」と書き、もとは仏教語。寺や僧が、布施《ふせ》をする信者を呼んだ語。

ち

ちかう【誓う】

尊 誓われる／お誓いになる／お誓いなさる／約束される／約束なさる／お約束になる／お約束なさる

例 雪辱を強くお誓いになる。

謙 お誓いする／お誓いいたす／お誓い申し上げる／誓わせていただく／お約束する／お約束いたす／お約束申し上げる／約束させていただく

例 必ず大切にするとお誓い申し上げます。

参考 「誓う」のかわりに、「約束する」なども使われる。

ちかづく【近づく】

尊 近づかれる／お近づきになる／お近づきなさる

例 池に近づかれる際は足元にご注意ください。

謙 近づかせていただく

例 おそばに近づかせていただきます。

ちかよる【近寄る】

尊 近寄られる

例 近寄られないほうが賢明です。

謙 近寄らせていただく

例 もうすこし近寄らせていただいてよろしいですか。

ちからおとし【力落とし】

尊 お力落とし

例 さぞやお力落としのことと存じます。

例 どうかお力落としなさいませんよう。

参考 お悔やみのことばとして使われることが多い。

ちからぞえする【力添えする】

尊 力添えされる／お力添えなさる／手伝われる／お手伝いなさる／（お）手を貸される／（お）手をお貸しになる

例 B社の再建にお力添えなさった。

謙 お力添えする／お力添えいたす／お手伝いする／お手伝いいたす／お手伝い申し上げる／手伝わせていただく

例 微力ながらお力添えいたします。

参考 「力添え」は、「助力」「援助」の意。相手に援助をお願いしたり申し出たりする場合、ストレートな「助ける」よりも「力添えする」を使うほうが好まれる。また、「手伝う」や「手を貸す」なども使われる。

命令・依頼～してほしい

尊 お力添えください／お力添えくださいますか／お手伝いください／お手伝いくださいますか／（お）手をお貸しください／（お）手をお貸しくださいますか

例 どうか私どものためにお手をお貸しください。

謙 お力添えいただけますか／お力添え願います／お力添え願えますか／お手伝いいただけますか／お手伝い願えますか／（お）手をお貸しいただけますか／（お）手をお貸し願えますか

例 もう一度だけお力添えいただけますか。

ちち【父】

尊 お父様《とうさま》／お父上《ちちうえ》（様）／ご尊父《そんぷ》（様）／父君《ちちぎみ》

参考 自分の側についていう場合は、敬意を含まない「父」「おやじ」などが使われる。父の尊敬語には、夫の父であれば「お舅《しゅうと》様」、妻の父であれば「ご岳父《がくふ》」「ご外父《がいふ》」などもある。

ちぢめる【縮める】

尊 縮められる

例 お書きになった文章を自ら半分に縮められた。

謙 縮めさせていただく

例 会議の時間を30分縮めさせていただきます。

ちゅういする【注意する】

尊 注意される／注意なさる／ご注意なさる

例 先生は、廊下を走る生徒を注意なさった。

謙 注意いたす／ご注意する／ご注意いたす／ご注意申し上げる／注意させていただく／忠告いたす／ご忠告する／ご忠告いたす／ご忠告申し上げる／忠告させていただく

例 あえてご忠告申し上げます。

参考「気を付けるように言う」意の謙譲表現には、「注意する」よりも「忠告する」のほうが好まれる。

命令・依頼 〜してほしい

尊 **注意してください／ご注意ください／注意してくださいますか／ご注意くださいますか**

例 ドアが開きますのでご注意ください。

謙 **注意していただけますか／ご注意いただけますか／ご注意願います／ご注意願えますか**

例 バスを降りた直後の横断は、十分にご注意願います。

NG「ご注意してください」は誤り。

尊敬表現の「注意してください」と「ご注意ください」を混用した、「ご注意してください」は誤り。

×お降りの際は、足元にご注意してください。

○お降りの際は、足元にご注意ください。

ちゅうしん【注進】 他

目上の人に、急いで異変を報告することの、改まった言い方。

例 どうやら部長にご注進に及んだらしい。

参考 多く「ご注進」の形で使われる。

ちゅうもんする【注文する】

尊 **注文される／注文なさる／ご注文になる／ご注文なさる**

例 ビール2本を注文なさいました。

謙 **注文いたす／注文させていただく**

例 先日お店で見せていただいた品を、注文させていただきたいのですが。

ちょう【長】

尊 **御大《おんたい》**

例 御大にご意見を伺ってみよう。

参考 この「長」は、集団の上に立つ人の意。「御大」は、親しみを込めて呼ぶことば。

ちょうだいする【頂戴する】 謙

❶「食べる」「飲む」の謙譲語。

例 もう十分に頂戴いたしました。

❷「もらう」の謙譲語。

例 部長からお小言を頂戴した。

例 結構な品を頂戴してありがとうございます。

ちょしょ【著書】

尊 貴書《きしょ》／貴著《きちょ》／高著《こうちょ》

謙 愚書《ぐしょ》／拙著《せっちょ》

参考「貴書」「愚書」はそれぞれ、手紙の尊敬語、謙譲語としても使われる。

つ

ついやす【費やす】

尊 費やされる

例 博士は研究に10年の月日を費やされた。

参考 謙譲表現はあまり使われない。

つかいだて【使い立て】

謙 お使い立て

例 お使い立てして申しわけございませんが、伝言をお願いいたします。

参考「使い立て」は、人に頼んで何かをしてもらうこと。

つかう【使う】

尊 使われる／お使いになる／お使いなさる

例 お食事の際には、スプーンをお使いになりますか。

謙 使わせていただく

例 あちらの作業台を使わせていただいてもよろしいですか。

参考 「使う」のかわりに、「使用する」が用いられることもある。

命令・依頼 ～してほしい

尊 使ってください／お使いください／使ってくださいますか／お使いくださいますか

例 パソコンの数が足りないので、皆さんでお使いください。

謙 使っていただけますか／お使いいただけますか／お使い願います／お使い願えますか

例 書類を記入するときは、備えつけのペンをお使い願えますか。

問いかけ ～しているか

尊 使われていますか／お使いですか／使っていらっしゃいますか／使っておいでですか

例 スマートフォンはどの機種をお使いですか。

つかえる【仕える】

尊 仕えられる／お仕えになる／お仕えなさる

例 国王にお仕えになる。

謙 お仕えする／お仕えいたす／お仕え申し上げる

例 社長には30年間お仕えいたしました。

つかれる【疲れる】

尊 お疲れになる

例 すっかりお疲れになったご様子です。

参考 謙譲表現は使われない。

「お疲れ様」は、仕事を終えて帰る人への挨拶のことば。

つきあう【付き合う】

尊 つき合われる／おつき合いなさる

例 長年おつき合いなさっているご友人。

謙 おつき合いする／おつき合いいたす／おつき合い申し上げる／つき合わせていただく

例 お嬢様の買い物におつき合いいたします。

つきしたがう【付き従う】

謙 お供する

例 すぐ近くですから、お供させていただきます。

「つき従う」は「したがう」意を含むため、尊敬表現は使われない。

つく【着く】

尊 着かれる／お着きになる／お着きなさる／到着される／到着なさる／ご到着になる／ご到着なさる

例 司会の合図で、親戚ご一同が席にお着きになった。

例 ご両親は何時ごろ到着されますか。

謙 到着いたす

例 もうまもなくそちらに到着いたします。

参考 「着く」のかわりに、「到着する」が使われる場合もある。「到着いたす」には、「この飛行機は、まもなく羽田空港に到着いたします」のように、丁重語の用法もある。

つぐ【注ぐ】

尊 つがれる／おつぎになる／おつぎなさる

例 社長はグラスにワインをおつぎになった。

謙 おつぎする／おつぎいたす／おつぎ申し上げる／つがせていただく

例 ビールをおつぎいたします。

つぐ【継ぐ】

尊 継がれる／お継ぎになる／お継ぎなさる

例 ご子息は、会社勤めをやめ家業をお継ぎになった。

謙 お継ぎする／お継ぎいたす／お継ぎ申し上げる／継がせていただく

例 私があとをお継ぎいたします。

参考 「継ぐ」のかわりに、「継承する」も使われる。

つくす【尽くす】

尊 尽くされる／お尽くしになる／お尽くしなさる

例 社長はあらん限りの手をお尽くしになった。

謙 尽くさせていただく

例 代表に選ばれたからには、全力を尽くさせていただきます。

参考 「尽くす」のかわりに、「尽力する」などが使われることもある。

つくる【作る】

尊 **作られる／お作りになる／お作りなさる**

例 これは館長がじきじきにお作りになった標本です。

謙 **お作りする／お作りいたす／お作り申し上げる／作らせていただく**

例 さっそく契約書をお作りいたします。

参考「作る」のかわりに、「作成する」「製作（制作）する」などが使われることもある。

つくろう【繕う】

尊 **繕われる／お繕いになる／お繕いなさる**

例 その場をなんとかお繕いになった。

謙 **繕わせていただく**

例 お客様、シャツのほころびを繕わせていただきます。

つけくわえる【付け加える】

尊 **付け加えられる**

例 先生は、誤解のないようにいくつかのことばを付け加えられた。

謙 **付け加えさせていただく**

例 一点だけ付け加えさせていただきます。

つける【付ける】

尊 **付けられる／お付けになる／お付けなさる**

例 窓にお顔をお付けになって、のぞき込んでいらっしゃる。

謙 **お付けする／お付けいたす／お付け申し上げる／付けさせていただく**

例 特典をたくさんお付けいたしましょう。

つげる【告げる】

尊 **告げられる／お告げになる／お告げなさる**

例 名前もお告げにならずに出ていかれました。

謙 **お伝えする／お伝えいたす／お伝え申し上げる／伝えさせ**

ていただく／お知らせする／お知らせいたす／お知らせ申し上げる

㊞部長には私からお伝えしておきます。

参考「告げる」の謙譲表現は、「伝える」「知らせる」などで代用されることが多い。

つたえる【伝える】

尊 伝えられる／お伝えになる／お伝えなさる／言伝《ことづて》される／（お）言伝なさる

例 皆様にもよろしくとお伝えください。

謙 お伝えする／お伝えいたす／お伝え申し上げる／伝えさせていただく／（お）言伝《ことづて》いたす／申し伝える

例 課長には、私からお伝えします。

参考「伝える」のかわりに、「言伝する」「伝言《でんごん》する」などが使われることもある。

謙譲語の「申し伝える」は、「言い伝える」意。電話の受け答えでよく使われる。

Point 電話では「申し伝える」を使う

電話で、相手から聞いた内容をあとで本人に伝える意を示す場合、単に「伝えます」と言うよりは、謙譲語で「申し伝えます」と言えるとスマート。

例

「会議が9時からに変更になったことを、お伝えいただけますか」

「はい。戻りましたら必ず申し伝えます」

つづける【続ける】

尊 続けられる／お続けになる／お続けなさる

例 どうか健康のために運動をお続けになってください。

謙 続けさせていただく

例 このまま会議を続けさせていただいてよろしいですか。

つつしむ【慎む】

尊 慎まれる／お慎みになる／お慎みなさる

例 派手な言動は慎まれたほうがよいでしょう。

謙 慎ませていただく
例 お酒は慎ませていただいております。

つつむ【包む】

尊 包まれる／お包みになる／お包みなさる
例 布か何かで包まれてはいかがですか。
謙 お包みする／お包みいたす／お包み申し上げる／包ませていただく
例 包装紙でお包みいたしましょうか。

つとめる【努める】

尊 努められる／お努めになる／お努めなさる／努力される／努力なさる
例 先生は夢の実現に努められた。
謙 努めさせていただく／努力いたす／努力させていただく
例 解決に努めさせていただきます。
参考「努める」のかわりに、「努力する」「励む」「骨を折る」などが使われることもある。

つとめる【務める】

尊 務められる／お務めになる／お務めなさる
例 芝居で主役を務められるそうです。
謙 務めさせていただく
例 私が本日の司会を務めさせていただきます。

つとめる【勤める】

尊 勤められる／お勤めになる／お勤めなさる／勤務される／勤務なさる
例 20年間お勤めになった会社をお辞めになった。
謙 勤めさせていただく／勤務いたす／勤務させていただく
例 先生に紹介していただいた大学に勤めさせていただきます。
参考「勤める」のかわりに、「勤務する」なども使われる。

つなぐ【繋ぐ】

尊 つながれる／おつなぎになる／おつなぎなさる
例 少年と手をおつなぎになった。
謙 おつなぎする／おつなぎいたす／おつなぎ申し上げる／つ

ながせていただく

例 ただいま電話をおつなぎします。切らずにお待ちください。

つぶやく【呟く】

尊 **つぶやかれる**

例 部長は何かをつぶやかれました。

参考「つぶやく」の謙譲表現は使われない。

つぶる【瞑る】

尊 **つぶられる**

例 まぶしそうに目をつぶられる。

謙 **つぶらせていただく**

例 今回だけは目をつぶらせていただきますよ。

つま【妻】

尊 **奥様／奥方／ご内儀／ご内室／ご令室／令夫人**

例 ぜひ、奥様とおふたりでいらしてください。

謙 **愚妻《ぐさい》／荊妻《けいさい》**

例 愚妻とつれ添って、もう30年になります。

参考「女房」や「家内」は謙譲語ではないが、自分の妻をさすことばとしてよく使われる。

つむ【積む】

尊 **積まれる**

例 車にお荷物を積まれた。

謙 **積ませていただく**

例 御社の倉庫に品物を積ませていただきます。

つめる【詰める】

尊 **詰められる／お詰めになる／お詰めなさる**

例 皆さん、もう少しずつ席をお詰めになってください。

謙 **お詰めする／お詰めいたす／お詰め申し上げる／詰めさせていただく**

例 キャンディーを小箱にお詰めして、皆さんに差し上げましょう。

参考 混んでいる電車やバス、エレベーターなどの中で使われる「もう少し中ほどまでお繰り合わせください」は、乗客に隙間なく詰めてもらうよう求める表現。

つらぬく【貫く】

尊 貫かれる

例 初志を貫かれて、外交官におなりになった。

謙 貫かせていただく

例 この件に関しては、私どもの意志を貫かせていただきます。

つれていく【連れて行く】

尊 連れて行かれる／お連れになる

例 先生はお孫さんを散歩にお連れになります。

謙 お連れする／お連れいたす／お連れ申し上げる／ご案内する／ご案内いたす／ご一緒する／ご一緒させていただく／お供する／お供させていただく

例 お客様を会議室へご案内いたします。

参考 「連れる」の謙譲表現は、「連れる」に「(同行者として) 従える」意が含まれるため、相手が目上の場合には「ご案内する」「ご一緒する」「お供する」などに言い換えられることが多い。

Point 近しい目上には「ご一緒する」を使う

相手が近しい上司などの場合、「連れて行く」は使えないので、比較的敬意の軽い「ご一緒する」などを使うとよい。

例 「餃子のおいしい店? 今度連れて行ってよ」

「では、来週にでもご一緒しましょう」

て

ーてい【邸】尊

人名につけて、軽い敬意を込めてその人の家をさす語。

例次回のパーティーは小林邸で行います。

ていじする【提示する】

尊提示される／提示なさる／ご提示になる／ご提示なさる

例先生は、次のテーマを提示なさった。

謙提示いたす／ご提示する／ご提示いたす／ご提示申し上げる／提示させていただく

例こちらの条件を提示させていただきます。

ていじょう【呈上】謙

「贈ること」の謙譲語。差し上げること。

例こちらの花瓶を呈上いたします。

例粗品呈上。

参考「謹呈《きんてい》」「進呈《しんてい》」「拝呈《はいてい》」なども同義のことば。

ていせいする【訂正する】

尊訂正される／訂正なさる／ご訂正になる／ご訂正なさる

例訂正なさった箇所は全部で4か所です。

謙訂正いたす／ご訂正いたす／ご訂正申し上げる／訂正させていただく

例誤りを訂正させていただきます。

参考「訂正する」のかわりに、「直す」が使われる場合もある。

てがける【手掛ける】

尊手掛けられる

例企画から製作までをおひとりで手掛けられたそうですね。

謙手掛けさせていただく

例これは私がはじめて手掛けさせていただいた御社の仕事です。

でかける【出かける】

尊出かけられる／お出かけになる／お出かけなさる

例午後からお出かけになるそうです。

謙 **出かけさせていただく**

例 明日は、終日出かけさせていただきます。

てがみ【手紙】

尊 **貴書／貴信／ご書状／ご書面／（ご）懇書／芳書／芳信／芳墨《ほうぼく》**

例 ご懇書、拝受いたしました。

謙 **愚書／寸書／寸簡／寸楮《すんちょ》**

例 お願いの件、寸書にしたためました。

できる【出来る】

尊 **お出来になる**

例 息子さんは勉強がよくお出来になるそうです。

参考 謙譲表現は使われない。

です 丁

語尾について、丁寧な言い回しにする。

例 黒いセーターを着ているのが、私の父です。

例 日本の首都は東京です。

参考 名詞や形容詞の終止形・形容動詞の語幹などにつく。「ます」「ございます」とともに基本的な丁寧語。

てすう【手数】

尊 **お手数／お手間**

例 お手数をおかけして恐れ入りますが、よろしくお願いいたします。

参考 「てかず」と読んでも同義。

てつだう【手伝う】

尊 **手伝われる／お手伝いなさる**

例 家業を手伝われることもありますか。

謙 **お手伝いする／お手伝いいたす／お手伝い申し上げる／手伝わせていただく**

例 私も微力ながら手伝わせていただきます。

参考 「手伝う」は手助けする意だが、本腰を入れて取り組むような場合でも、謙遜の意で使われる。「助ける」よりも婉《えん》曲《きょく》な表現になる。

てはいする【手配する】

尊手配される／手配なさる／ご手配になる／ご手配なさる

例札幌行きの航空券はもう手配なさいましたか。

謙手配いたす／ご手配する／ご手配いたす／ご手配申し上げる／手配させていただく

例お車はこちらで手配させていただきます。

てまえども【手前共】謙

「わたしたち」の謙譲語。

例手前どもで管理させていただきます。

例手前ども（の宿）にお泊まりください。

参考かなりへりくだった表現。やや古風な表現。商人や芸人などが用いる。「手前」は、「わたくし」の意。

でる【出る】

尊出られる／お出になる

例課長は午後の会議に出られるご予定ですか。

例何時ごろご自宅をお出になりますか。

謙出させていただく

例私も会議に出させていただいてよろしいですか。

参考意味内容により、「出席する」「出発する」などに言い換えられることも多い。

でんか【殿下】尊

天皇・皇后・上皇・上皇后・皇太后・太皇太后以外の皇族を呼ぶときの語。

参考天皇・皇后・上皇・上皇后・皇太后・太皇太后は「陛下」と呼ぶ。

てんきょする【転居する】

尊転居される／転居なさる

例どちらに転居なさるおつもりですか。

謙転居いたす

例転居いたしましたので、ご報告申し上げます。

参考「転居する」のかわりに、「移転する」「引っ越す」などが使われる場合もある。

でんごんする【伝言する】

↓つたえる（↓158ページ）

てんにんする【転任する】

尊 **転任される／転任なさる／ご転任になる／ご転任なさる**

例 来年の春に転任なさる先生は5名です。

謙 **転任いたす**

例 今年度いっぱいで転任いたします。

と

といあわせる【問い合わせる】

尊 **問い合わせられる／お問い合わせになる／お問い合わせなさる**

例 お問い合わせになった電話番号は、現在使われておりません。

謙 **お問い合わせする／お問い合わせいたす**

例 先日、料金表の件でお問い合わせした者ですが…。

命令・依頼 ～してほしい

尊 **問い合わせてください／お問い合わせください／問い合わせてくださいますか／お問い合わせくださいますか**

例 お手数ですが、下記の連絡先までお問い合わせくださいますか。

謙 **問い合わせていただけますか／お問い合わせいただけますか／お問い合わせ願います／お問い合わせ願えますか**

例 後日、もう一度お問い合わせいただけますか。

とうー【当】 謙
自分の側の物事について、謙譲を表す。
例 当校。当社。当店。

どう
↓いかが（↓14ページ）

どういたしまして
相手にお礼やお詫《わ》びを言われたときに答える、挨拶のことば。
例「昨日は大変失礼をいたしました」「いえいえ。どういたしまして」
参考「そんなことはありません」の意。

どうか
↓なにとぞ（↓178ページ）

とうこう【当行】 謙
自分の銀行をへりくだっていう語。
例 当行のサービスについてご案内いたします。

とうこう【当校】 謙
自分の学校をへりくだっていう語。
例 当校の講座にお申し込みいただき、ありがとうございます。

とうしゃ【当社】 謙
自分が属する会社をへりくだっていう語。
例 お手数ですが、明日当社までお越しください。

どうぞ
↓なにとぞ（↓178ページ）

とうちゃくする【到着する】
尊 到着される／到着なさる／ご到着になる／ご到着なさる／着かれる／お着きになる／お着きなさる
例 会場に社長がご到着なさいました。
例 皆さんもそろそろお着きになると思います。

謙 到着いたす

例 私どもも、9時には到着いたします。

参考 「到着する」のかわりに、「着く」が使われる場合もある。「到着いたす」には、「この列車は、まもなく東京駅に到着いたします」のように、丁寧語の用法もある。

とうてん【当店】謙

自分の店をへりくだっていう語。

例 当店では、来月より半額セールを開催いたします。

どうはんしゃ【同伴者】

尊 お連れ様／お連れの方

例 お連れ様が、エントランスホールでお待ちです。

参考 自分の側についていう場合は、単に「連れ」という。

どうも

❶挨拶に添えて使うことば。

例 どうもごぶさたしております。

❷「どうもありがとうございます」「どうもすみません」「どうも失礼いたしました」などの略。

例 先日はどうも。

参考 ❷は敬意が軽いため、目上の人には使わないほうがよい。

とおす【通す】

尊 通される／お通しになる／お通しなさる

例 いったん火を通されたほうがよろしいでしょう。

謙 お通しする／お通しいたす／お通し申し上げる／通させていただく

例 お客様をお部屋にお通ししました。

とおる【通る】

尊 通られる／お通りになる／お通りなさる

例 つい先ほど、先生が家の前をお通りになりました。

謙 通らせていただく

例 お庭を通らせていただいてもよろしいですか。

とがめる【咎める】

尊 とがめられる／おとがめになる／おとがめなさる

例 部下の態度を厳しくおとがめになった。

参考 目上に対してはあまり使われない。

とく【解く】

尊 解かれる／お解きになる／お解きなさる

例 学長は、学部長の任をお解きになった。

謙 解かせていただく

例 先方に何度も足を運んで、誤解を解かせていただきました。

とく【説く】

尊 説かれる／お説きになる／お説きなさる

例 弟子に教えをお説きになった。

参考 「説く」は「わからせる」「さとす」などの意味をもったため、謙譲表現は使われない。

とぐ【研ぐ】

尊 研がれる／お研ぎになる／お研ぎなさる

例 台所で米をお研ぎになる。

謙 お研ぎする／お研ぎいたす／お研ぎ申し上げる／研がせていただく

例 包丁をお研ぎいたしましょう。

どくりつする【独立する】

尊 独立される／独立なさる

例 何歳のときに独立なさいましたか。

謙 独立いたす／独立させていただく

例 8年で勤め先を辞めて独立いたしました。

どこ

↓どちら

とじる【閉じる】

尊 閉じられる

例いすに腰かけて目を閉じられた。
謙閉じさせていただく
例本日は17時に店を閉じさせていただきます。

とち【土地】
尊御地《おんち》／貴地／ご当地
参考自分のいる土地をいう場合は、敬意を含まない「当地」が使われる。

どちら【何方】他
❶「どっち」「どれ」「どこ」の丁寧な言い方。
例夕食は和食と洋食のどちらになさいますか。
❷（「どちら様」の形で）「だれ」の丁寧な言い方。
例どちら様でいらっしゃいますか。

どっち
→どちら

とどける【届ける】
尊届けられる／お届けになる／お届けなさる
例先様に書類をお届けになりましたか。
謙お届けする／お届けいたす／お届け申し上げる／届けさせていただく
例お昼過ぎに荷物をお届けいたします。

ととのえる【整える・調える】
尊整えられる・調えられる
例ご結婚の支度を調えられた。
謙整えさせていただく・調えさせていただく
例ご挨拶の前に、身なりを整えさせていただきます。
参考「整える」のかわりに、「整理する」などが使われることもある。

とどまる【留まる】
尊留まられる／お留まりになる／お留まりなさる
例先生は現職にお留まりになった。

謙 留まらせていただく

例 ひとまずここに留まらせていただきます。

となえる【唱える】

尊 唱えられる／お唱えになる／お唱えなさる

例 先生は学会で新学説を唱えられた。

謙 唱えさせていただく

例 一緒に念仏を唱えさせていただきます。

どなた【何方】尊

「だれ」の尊敬語。

例 失礼ですが、どなたでいらっしゃいますか。

参考「どなた様」の形でも使われる。「どちら様」より敬意が高い。

ーどの【殿】尊

人名や官職名について、敬意を表す語。

例 中村一郎殿。田中部長殿。県知事殿。

参考「様」よりもかたい印象があり、事務的・公的な場で使われることが多い。

とぼける【惚ける】

尊 とぼけられる／おとぼけになる／おとぼけなさる

例 部長は「そんな話は初耳だ」とおとぼけになった。

参考「とぼける」の謙譲表現は使われない。

とまる【泊まる】尊

尊 泊まられる／お泊まりになる／お泊りなさる

例 今晩は熊本にお泊まりになるそうです。

謙 泊まらせていただく

例 私も先日、そちらの旅館に泊まらせていただきました。

参考「泊まる」のかわりに、「宿泊する」が使われる場合もある。

とめる【止める】

尊 止められる／お止めになる／お止めなさる

例 お嬢様は、急にピアノを弾く手をお止めになりました。

謙 **お止めする／お止めいたす／お止め申し上げる／止めさせていただく**

例 ビルの前に車をお止めいたします。

参考 「止める」のかわりに、「停止する」などが使われる場合もある。

ーども【共】 謙

「たち」の謙譲語。自分や自分の側の呼び名について、謙譲を表す。

例 私ども。手前ども。

参考 「野郎ども」「犬ども」などの「ども」は、単に多数であることを表すぞんざいな言い方。

とらえる【捕らえる】

尊 **捕らえられる**

例 獲物を捕らえられた。

謙 **捕らえさせていただく**

例 うまくチャンスを捕らえさせていただきました。

とりあつかう【取り扱う】

尊 **取り扱われる／お取り扱いになる／お取り扱いなさる**

例 どんな案件も丁寧にお取り扱いになる。

謙 **お取り扱いする／お取り扱いいたす／お取り扱い申し上げる**

例 三番の窓口でお取り扱いいたしております。

問いかけ **～しているか**

尊 **取り扱われていますか／お取り扱いですか／取り扱っていらっしゃいますか／取り扱っておいでですか**

例 こちらのお店では、郵便切手を取り扱っていらっしゃいますか。

とりかえる【取り替える】

尊 **取りかえられる／お取りかえになる／お取りかえなさる**

例 部品をお取りかえになったほうがよろしいと存じます。

謙 **お取りかえする／お取りかえいたす／お取りかえ申し上げ**

る／取りかえさせていただく

例 不良品はお取りかえいたします。

参考 「取りかえる」のかわりに、「交換する」が使われることも多い。

命令・依頼 ～してほしい

尊 **取りかえてください／お取りかえください／取りかえてくださいますか／お取りかえくださいますか**

例 表示が薄くなったら、電池をお取りかえください。

謙 **取りかえていただけますか／お取りかえいただけますか／お取りかえ願います／お取りかえ願えますか**

例 新しいフィルターに取りかえていただけますか。

不可能 ～できない

謙 **お取りかえできません／お取りかえしかねます／お取りかえいたしかねます**

例 ご使用になった品物はお取りかえいたしかねます。

とりくむ【取り組む】

尊 **取り組まれる／お取り組みになる／お取り組みなさる**

例 新しい事業に取り組まれるそうです。

謙 **取り組ませていただく**

例 難しい問題ですが、全力で取り組ませていただきます。

とりけす【取り消す】

尊 **取り消される／お取り消しになる／お取り消しなさる**

例 突然、先日の契約をお取り消しになりました。

謙 **お取り消しする／お取り消しいたす／お取り消し申し上げる／取り消させていただく**

例 おふたり様のご予約をお取り消しいたしました。

とりしらべる【取り調べる】

尊 **取り調べられる／お取り調べになる／お取り調べなさる**

例 部長自ら、事故原因をお取り調べになった。

謙 **取り調べさせていただく**

例 あの事件に関連して、念のため取り調べさせていただきます。

とりだす【取り出す】

尊 取り出される

例 ポケットからハンカチを取り出された。

謙 取り出させていただく

例 課長の机の引き出しから、書類を取り出させていただきました。

とりつける【取り付ける】

尊 取り付けられる／お取り付けになる／お取り付けなさる

例 部長は大口の注文をお取り付けになった。

謙 お取り付けする／お取り付けいたす／お取り付け申し上げる／取り付けさせていただく

例 洗濯機をお取り付けいたしましょうか。

とりはからう【取り計らう】

尊 取り計らわれる／お取り計らいになる／お取り計らいなさる

例 部長は問題が残らぬようお取り計らいになった。

謙 お取り計らいする／お取り計らいいたす／お取り計らい申し上げる／取り計らわせていただく

例 その件は、私どもでうまくお取り計らいいたします。

参考 「取り計らう」のかわりに、「処理する」が使われることもある。

命令・依頼 ～してほしい

尊 取り計らってください／お取り計らいください／取り計らってくださいますか／お取り計らいくださいますか

例 あとは、よろしいようにお取り計らいくださいますか。

謙 取り計らっていただけますか／お取り計らいいただけますか／お取り計らい願います／お取り計らい願えますか

例 なんとか許可が下りるよう、お取り計らいいただけますか。

どりょくする【努力する】

尊 努力される／努力なさる／骨を折られる／お骨折りになる／お骨折りなさる

例 長年にわたり、努力なさった成果です。

例 課長は、細部に至るまでお骨折りなさいました。

謙 努力いたす／努力させていただく
例 未熟ではございますが、懸命に努力いたします。
参考「努力する」のかわりに、「骨を折る」「努める」なども使われる。

とりよせる【取り寄せる】

尊 取り寄せられる／お取り寄せになる／お取り寄せなさる
例 小さいサイズをお取り寄せなさいますか。
謙 お取り寄せする／お取り寄せいたす／お取り寄せ申し上げる
例 ご注文いただければ、いつでもお取り寄せいたします。

とる【取る】

尊 取られる／お取りになる／お取りなさる
例 ソムリエの資格を取られたそうです。
例 どうか手にお取りになってご覧ください。
謙 お取りする／お取りいたす／お取り申し上げる／取らせていただく
例 こちらのテーブルのお料理もお取りいたしましょうか。

命令・依頼 ～してほしい

尊 取ってください／お取りください／取ってくださいますか／お取りくださいますか
例 写真を撮りますので、帽子をお取りください。
謙 取っていただけますか／お取りいただけますか／お取り願いますか
例 テーブルのつまようじをお取りいただけますか。

不可能 ～できない

謙 お取りできません／お取りしかねます／お取りいたしかねます
例 6名様用のお部屋はお取りいたしかねます。

どれ

↓どちら（↓169ページ）

どれくらい

↓いかほど（↓14ページ）

とんじ【豚児】 謙

自分の子をへりくだっていう語。

例 うちの豚児がご迷惑をおかけしております。

参考 「豚の子」の意。「愚息」と同義。

どんな

↓いかが（↓14ページ）

な

ないしつ【内室】 尊

他人の妻をうやまっていう語。

例 ご内室様におかれましても…。

参考 多く「ご内室」の形で用いる。「（ご）令室」「令夫人」なども同義。

なおす【直す】

尊 直される／お直しになる／お直しなさる／改められる／お改めになる／お改めなさる／訂正される／訂正なさる／ご訂正になる／ご訂正なさる

例 先日ご指摘のあった箇所は、すでに直されたそうです。

謙 お直しする／お直しいたす／お直し申し上げる／直させていただく／改めさせていただく／訂正いたす／訂正させていただく

例 お持ちいただければ、いつでもお直しいたします。

命令・依頼 ～してほしい

尊 直してください／お直しください／直してくださいますか／お直しくださいますか／お改めください／お改めくださいますか／ご訂正ください／ご訂正くださいますか

例 免許証に記載の住所にお改めください。

謙 直していただけますか／お直しいただけますか／お直し願います／お直し願えますか／お改めいただけますか／お改め願えますか／ご訂正いただけますか／ご訂正願えますか

例 ズボンの丈を直していただけますか。

例 お手数ですが、数字をご訂正いただけますか。

参考 目上の人に対しては、「直す」よりも、より婉曲《えんきょく》な「改める」や「訂正する」などを用いるほうが適切。

なおす【治す】

尊 治される／お治しになる／お治しなさる／治療される／治療なさる

例 一年かけて腰痛を治されたそうです。

謙 お治しする／お治しいたす／お治し申し上げる／治させていただく／治療いたす／治療させていただく

例 私どもで治療させていただきました。

参考 とくに謙譲表現では、「治す」のかわりに「治療する」が使われることが多い。

ながす【流す】

尊 流される／お流しになる／お流しなさる

例 お風呂で汗をお流しになりましたか。

謙 お流しする／お流しいたす／お流し申し上げる／流させていただく

例 のちほど、一斉メールをお流しいたします。

ながめる【眺める】

尊 眺められる

例 展望台からの景色を眺められましたか。

謙 眺めさせていただく

例 しばらく形勢を眺めさせていただきます。

なく【泣く】

尊 **泣かれる／お泣きになる／お泣きなさる／嘆かれる／お嘆きになる／お嘆きなさる**

例 映画をご覧になってお泣きになったそうです。

例 ご友人を亡くされてお嘆きになりました。

謙 **泣かせていただく**

例 恩師の前で思い切り泣かせていただきました。

参考 直接的な「泣く」のかわりに、「嘆く」などが使われる場合もある。

なぐさめる【慰める】

尊 **慰められる／お慰めになる／お慰めなさる**

例 お酒を召し上がり、自らをお慰めになる。

謙 **お慰めする／お慰めいたす／お慰め申し上げる／慰めさせていただく**

例 私たちで部長をお慰めいたしましょう。

なくす【亡くす】

尊 **亡くされる／お亡くしになる**

例 昨年、お父様を亡くされたそうです。

参考 自分の側についていう場合は、敬意を含まない「亡くす」が使われる。

なくす【無くす】

尊 **無くされる／お無くしになる／紛失される／紛失なさる**

例 どのあたりで財布を無くされたか、覚えていらっしゃいますか。

参考 「無くす」のかわりに、「紛失する」などが使われる場合もある。謙譲表現は使われない。

なくなる【亡くなる】他

「死ぬ」の丁寧な言い方。

例 先日、祖父が亡くなりました。

参考 人が死ぬことを、婉曲《えんきょく》にいうことば。「死ぬ」には謙譲表現がない。また、「亡くなられる」「お亡くなりになる」の形で、尊敬表現となる。

なげく【嘆く】

尊 嘆かれる／お嘆きになる／お嘆きなさる

例 急な訃報に接して、ひどくお嘆きになりました。

参考 謙譲表現は使われない。

なげる【投げる】

尊 投げられる／お投げになる

例 川に向かって石をお投げになった。

謙 投げさせていただく

例 チームのために、全力で投げさせていただきます。

なさる

「する」「〜する」の尊敬語。

例 これから先、どんな旅をなさるおつもりですか。

参考「お（ご）〜なさる」の形で、付け足し型の尊敬表現となる。

なにとぞ【何卒】 他

「なんとか」「どうか」「どうぞ」「ぜひ」の改まった言い方。相手に対し、強く願う気持ちを表す。

例 何とぞお許しいただきますようお願い申し上げます。

例 何とぞご出席くださいませ。

参考「なんとかお願いします」「どうぞお願いします」「どうかお願いします」「なにとぞお願いします」と、「お願いします」を付けてみると明らかなように、「なにとぞ」には強い願望、非常に改まった印象が含まれている。

なまえ【名前】

尊 お名前／ご氏名／（ご）芳名／（ご）尊名／（ご）高名

例 お名前は伺っております。

参考 自分の側に関していうときは、敬意を含まない「名前」「氏名」などが使われる。「高名」は、相手の名声の尊敬語としても使われる。

なやむ【悩む】

尊 **悩まれる／お悩みになる／お悩みなさる**

例 ずいぶん前から、お悩みになっていたようでした。

参考 謙譲表現は使われない。

ならう【習う】

尊 **習われる／お習いになる／お習いなさる**

例 どちらで英会話を習われたのですか。

謙 **習わせていただく**

例 先生のところでピアノを習わせていただいております。

参考 「習う」のかわりに、「学ぶ」なども使われる。

ならす【鳴らす】

尊 **鳴らされる**

例 どなたかベルを鳴らされましたか。

謙 **鳴らさせていただく**

例 到着しましたら、玄関のベルを鳴らさせていただきます。

ならぶ【並ぶ】

尊 **並ばれる／お並びになる／お並びなさる**

例 先生方は舞台に横一列にお並びになった。

謙 **並ばせていただく**

例 社長の横に並ばせていただいて、大変恐縮です。

なる

尊 **なられる／おなりになる**

例 小さいころからの夢をかなえられ、弁護士におなりになった。

謙 **ならせていただく**

例 皆様のおかげで、国会議員にならせていただきました。

なんぎ【難儀】

尊 **ご難**

例 ここ最近、ご難続きで大変ですね。

参考 「ご難」は、他人の災難や難儀をいう。からかいの意を込めて使うこともある。

に

にあう【似合う】

尊 お似合いになる

例 黒いワンピース、よくお似合いになりますね。

参考 謙譲表現は使われない。

にがす【逃がす】

尊 逃がされる／お逃がしになる／お逃がしなさる

例 捕まえたカブトムシをお逃がしになるのですか。

謙 お逃がしする／お逃がしいたす／お逃がし申し上げる

例 裏口からお逃がしいたします。

にぎる【握る】

尊 握られる

例 実権は会長が握られています。

謙 握らせていただく

例 鮨を握らせていただきます。

にくむ【憎む】

尊 憎まれる／お恨みになる／お恨みなさる

例 おじい様を憎まれているようです。

謙 お恨みする／お恨みいたす／お恨み申し上げる

例 声をかけてくださらなかったことをお恨みしても仕方がありません。

参考 目上を「憎む」ということ自体が非礼にあたるため、謙譲表現では「恨む」などに言い換えるのがふつう。

にげる【逃げる】

尊 逃げられる／お逃げになる／お逃げなさる

例 どうかこのままお逃げになってください。

謙 逃げさせていただく

例 こっそり逃げさせていただきました。

にゅうきんする【入金する】

尊 入金される／入金なさる／ご入金になる／ご入金なさる

例 先月の分は、すでにご入金なさったそうです。

謙 入金いたす／ご入金する／ご入金いたす／ご入金申し上げる／入金させていただく

例 今月の末までに入金させていただきます。

ーにん【人】

→ーめい（→222ページ）

ぬ

ぬう【縫う】

尊 縫われる／お縫いになる／お縫いなさる

例 このカバーをご自分でお縫いになったのですか。

謙 縫わせていただく

例 雑巾くらい、いつでも縫わせていただきますよ。

ぬく【抜く】

尊 抜かれる／お抜きになる／お抜きなさる

例 虫歯はお抜きにならないほうがよろしいでしょう。

謙 お抜きする／お抜きいたす／抜かせていただく

例 ビールの栓を抜かせていただきます。

ぬぐ【脱ぐ】

尊 脱がれる／お脱ぎになる／お脱ぎなさる／取られる／お取りになる

例 席に着くと、すぐに上着をお脱ぎになった。

謙 **脱がせていただく／取らせていただく**

例 失礼して上着を脱がせていただきます。

参考 帽子などの場合、「脱ぐ」のかわりに「取る」「はずす」なども使われる。

ぬる【塗る】

尊 **塗られる／お塗りになる／お塗りなさる**

例 1日2回、傷口に薬をお塗りになってください。

謙 **お塗りする／お塗りいたす／お塗り申し上げる／塗らせていただく**

例 お部屋の壁は何色のペンキでお塗りいたしましょうか。

ね

ねがう【願う】

尊 **願われる／お願いになる／お願いなさる**

例 神社で何をお願いなさいましたか。

謙 **お願いする／お願いいたす／お願い申し上げる**

例 店内の禁煙にご協力をお願いいたします。

参考 謙譲表現の「お願いする」「お願いいたす」「お願い申し上げる」は、広く他人に何かを頼むときなどに使われる。

ねたむ【妬む】

尊 **ねたまれる**

例 お姉様の幸福をねたまれる。

参考 「ねたむ」の代わりに、「嫉妬《しっと》する」が使われることもある。「ねたむ」の謙譲表現はあまり使われない。

ねだる

尊 **ねだられる／おねだりになる／おねだりなさる**

例 お嬢様は、しきりにおもちゃをねだられる。

謙 **おねだりする**

例 私たちは、新しい車をお父様におねだりした。

ねむる【眠る】

尊 **眠られる／お眠りになる／お眠りなさる／休まれる／お休みになる／お休みなさる**

例 おばあ様はよくお眠りになっています。

謙 **眠らせていただく／休ませていただく**

例 ぐっすり眠らせていただきました。

参考 「眠る」よりは、婉曲《えんきょく》表現の「休む」を使うほうが丁寧で一般的。

ねらう【狙う】

尊 **狙われる**

例 左右、どちらのピンを狙われますか。

謙 **狙わせていただく**

例 優勝を狙わせていただきます。

ねる【寝る】

尊 **休まれる／お休みになる／お休みなさる／床《とこ》につかれる／横になられる**

例 この薬は1日1錠をお休みになる前にお飲みください。

例 お疲れでしょうから早めにお休みになってください。

謙 **眠らせていただく／休ませていただく／横にならせていただく**

例 先に休ませていただいてよろしいでしょうか。

参考 尊敬表現、謙譲表現とも、「寝る」「眠る」が使われることもあるが、寝る意を婉曲《えんきょく》に示す「休む」「床につく」「横になる」などのほうが一般的。なお、「横になる」は、「体を横にする」「仮眠する」の意でも使われることば。

Point **寝る意の敬語には「休む」を使う**

「寝る」や「眠る」の敬語としては、「お休みになる」「休ませていただく」のように、婉曲表現の「休む」が好んで用いられる。

例

「昨晩は、よくお休みになりましたか」
「おかげ様で、ぐっすりと休ませていただきました」

ねんれい【年齢】

謙 馬齢《ばれい》

例 いたずらに馬齢を重ねてきただけでございます。

参考 「馬齢」は、自分の年齢をへりくだっていう語。多く、「馬齢を重ねる」「馬齢を加える」の形で使われる。

の

のがす【逃す】

尊 逃される

例 あと一歩のところで優勝を逃された。

参考 「逃す」の謙譲表現は使われない。

のこす【残す】

尊 残される／お残しになる／お残しなさる

例 お嬢様を残されたままお出かけになった。

例 多額の遺産をお残しになった。

謙 お残しする／残させていただく／お取り置きする

例 満腹なので、ご飯を残させていただきました。

例 遅れて来られる方の料理をお取り置きしておきましょう。

参考 だれかのために何か（料理など）を残しておく場合など、「取り置く」が使われることもある。

のせる【乗せる・載せる】

尊 乗せられる・載せられる／お乗せになる・お載せになる／お乗せなさる・お載せなさる

例 部長は、売り上げを一千万円台にお乗せになった。

例 新聞に広告を載せられたそうです。

謙 お乗せする・お載せする／お乗せいたす・お載せいたす／お乗せ申し上げる・お載せ申し上げる／乗せさせていただく・載せさせていただく

例 先日、先生を車にお乗せいたしました。

例 お荷物を網棚にお載せしましょうか。

のぞく【覗く】

尊 のぞかれる

例 谷底をのぞかれましたか。

謙 のぞかせていただく

例 教室の様子をのぞかせていただきたいのですが。

のぞむ【望む】

尊 望まれる／お望みになる／お望みなさる／希望される／ご希望になる／ご希望なさる／願われる

例 心から平和な世の中をお望みになる。

例 どのような贈り物を希望されますか。

謙 希望いたす／希望させていただく

例 前回と同じ品物を希望いたします。

参考 「望む」のかわりに、「希望する」「願う」などが使われることもある。

のばす【伸ばす・延ばす】

尊 伸ばされる・延ばされる／お伸ばしになる・お延ばしになる／お伸ばしなさる・お延ばしなさる

例 背筋をすっとお伸ばしになる。

例 出発を1週間お延ばしになった。

謙 お伸ばしする・お延ばしする／お伸ばしいたす・お延ばしいたす／お伸ばし申し上げる・お延ばし申し上げる／伸ばさせていただく・延ばさせていただく

例 アイロンでしわをお伸ばしいたしました。

例 期限を来月まで延ばさせていただきます。

参考 「延ばす」のかわりに、「延長する」「延期する」なども使われる。

のべる【述べる】

尊 **述べられる／お述べになる／お述べなさる**

例 出席者は各々の意見を述べられました。

謙 **述べさせていただく／申し述べる**

例 意見を述べさせていただきます。

例 いきさつは先ほど申し述べた通りです。

参考 「述べる」のかわりに、「説明する」などが使われることもある。謙譲語では「申し述べる」も使われる。

のぼる【上る・登る】

尊 **上られる・登られる／お上りになる・お登りになる／お上りなさる・お登りなさる**

例 急な石段を急いでお登りになった。

謙 **上らせていただく／登らせていただく**

例 修理のため屋根に上らせていただきます。

のむ【飲む】

尊 **飲まれる／お飲みになる／お飲みなさる／召し上がる／お召し上がりになる**

例 お酒はどのくらいお召し上がりになりますか。

謙 **飲ませていただく／いただく／頂戴《ちょうだい》する／頂戴いたす**

例 遠慮なく頂戴いたします。

参考 尊敬語の「召し上がる」、謙譲語の「いただく」「頂戴する」は、それぞれ「食べる」の尊敬語、謙譲語にもなる。とくに目上の人に対しては、直接「飲む」というよりも、「召し上がる」や「いただく」を使うほうが好ましい。

のりかえる【乗り換える】

尊 **乗り換えられる／お乗り換えになる／お乗り換えなさる**

例 どちらの駅でお乗り換えなさいましたか。

謙 **乗り換えさせていただく**

例次の停留所で乗り換えさせていただきます。

のる【乗る】

尊乗られる／お乗りになる／お乗りなさる

例少しもふり向かずに車にお乗りになった。

謙お乗りする／お乗りいたす／乗らせていただく

例失礼して先に乗らせていただきます。

参考「乗る」のかわりに、「乗車する」などが使われることもある。

は

はい－【拝】謙

自分の行為について、謙譲を表す。

例拝謁。拝観。拝見。拝察。拝借。拝受。拝承。拝読。拝聴。拝領。

参考「拝」は「おじぎをする」「つつしんで」の意。

はいえつ【拝謁】謙

「会うこと」の謙譲語。天皇・皇族・君主など、身分の高い人に会うこと。

例陛下に拝謁を許される。

参考敬意は非常に高い。

はいかん【拝観】謙

「見ること」の謙譲語。宝物や神社仏閣などを見ること。

例お堂の内部を拝観したいのですが。

参考「おがませていただく」というニュアンスをもつ。

はいけい【拝啓】 他

手紙などのはじめに用いる、挨拶のことば。

参考「敬具」と対応して用いる。「拝呈」も同義。

はいけん【拝見】 謙

「見ること」の謙譲語。

例 メールを拝見いたしました。

参考 この場合の「見ること」は、「読むこと」などの意味も含む。

NG「拝見される」は誤り。

謙譲語の「拝見する」と尊敬表現「〜される」を混用した、「拝見される」は誤り。

× 転送したメールを拝見されましたか。

○ 転送したメールをご覧になりましたか。

はいさつ【拝察】 謙

「推察」の謙譲語。

例 ご胸中、拝察いたします。

はいしゃく【拝借】 謙

「借りること」の謙譲語。

例 少々お知恵を拝借したいのですが。

はいじゅ【拝受】 謙

「受け取ること」の謙譲語。

例 ご恵贈の品、たしかに拝受いたしました。

はいしょう【拝承】 謙

「聞くこと」「承知すること」の謙譲語。

例 大臣の命令を拝承する。

参考 敬意は非常に高い。

はいちょう【拝聴】 謙

「聞くこと」の謙譲語。

例 ご意見を拝聴いたしたく、お手紙を差し上げました。

はいてい【拝呈】謙 他

❶「贈ること」の謙譲語。

❷手紙などのはじめに用いる、挨拶のことば。

参考 ❶は、「謹呈《きんてい》」「進呈《しんてい》」「呈上《ていじょう》」などと同義。❷は、「拝啓」と同義。

はいどく【拝読】謙

「読むこと」の謙譲語。

例 先生のお手紙、拝読いたしました。

はいふく【拝復】他

手紙の返事ではじめに用いる、挨拶のことば。

参考「復啓」も同義のことば。

はいりょ【配慮】

→こころづかい(→92ページ)

はいりょう【拝領】謙

「もらうこと」の謙譲語。

例 先祖が殿様より拝領した名刀です。

参考 古風な表現。敬意は非常に高い。

はいる【入る】

尊 入られる／お入りになる／お入りなさる

例 ご子息は野球部にお入りになったそうです。

謙 入らせていただく

例 お部屋に入らせていただきます。

参考 場合によって、「入る」のかわりに「入室する」「入場する」「入会する」なども使われる。

命令・依頼 ～してほしい

尊 入ってください／お入りください／入ってくださいますか／お入りくださいますか

例 どうぞ中へお入りください。

謙 入っていただけますか／お入りいただけますか／お入り願いますか／お入り願えますか

例 火災保険にお入りいただけますか。

禁止 ～しないでくれ

尊 お入りにならないでください／お入りになりませんよう／お入りくださいませんよう

例 芝生にお入りにならないでください。

はがす【剥がす】

尊 はがされる／おはがしになる／おはがしなさる

例 うっかり足をぶつけて、生爪をはがされたそうです。

謙 おはがしする／おはがしいたす／おはがし申し上げる／はがさせていただく

例 ポスターをはがさせていただきます。

はかる【計る・測る・量る】

尊 計られる・測られる・量られる／お計りになる・お測りになる・お量りになる／お計りなさる・お測りなさる・お量りなさる

例 毎朝体重をお量りになるそうです。

謙 お計りする・お測りする・お量りする／お計りいたす・お測りいたす・お量りいたす／計らせていただく・測らせていただく・量らせていただく

例 寸法を測らせていただきます。

はく【履く・穿《は》く】

尊 履かれる・穿かれる／お履きになる・お穿きになる／お履きなさる・お穿きなさる

例 スリッパをお履きになってお上がりください。

例 茶色いズボンをお穿きになっているのが先生です。

謙 履かせていただく・穿かせていただく

例 お先に靴を履かせていただきます。

参考 衣服を身に着ける意の「穿く」の尊敬語には、「お召しになる」も使われる。また、「着用する」などが使われることもある。

はく－【薄】 謙

自分の側の物事について、謙譲を表す。

例薄才。薄志。薄謝。

参考「薄」は、「すくないこと」の意。

はくしゃ【薄謝】謙

「謝礼」の謙譲語。

例ご協力いただいた方には、薄謝を差し上げます。

はげますこと【励ますこと】

尊ご鞭撻《べんたつ》

例ご鞭撻のほどよろしくお願いいたします。

参考「鞭撻」は、「いましめはげますこと」の意。

はげむ【励む】

尊励まれる／お励みになる／お励みなさる／努められる／お努めになる／お努めなさる

例日夜、練習に励まれたそうです。

謙励ませていただく／努めさせていただく

例これからも、生産性の向上に励ませていただきます。

参考「励む」のかわりに、「努める」「精を出す」などが使われることもある。

はこぶ【運ぶ】

尊運ばれる／お運びになる／お運びなさる／お持ちになる

例ご自分でここまでお運びになったのですか。

謙お運びする／お運びいたす／お運び申し上げる／運ばせていただく／お持ちする／お持ちいたす

例私どもで家具をお運びいたします。

例先生のお荷物は私が駅までお持ちします。

参考荷物を運ぶ意味では、「運ぶ」のかわりに「持つ」も使われる。

「お運びになる」は、「行く」「来る」の尊敬表現としても使われる。

命令・依頼　～してほしい

尊運んでください／お運びください／運んでくださいますか／お運びくださいますか／お持ちください／お持ちくださいますか

例 恐縮ですが、部屋の前まで運んでくださいますか。

謙 運んでいただけますか／お運びいただけますか／お運び願います／お運び願えますか／お持ちいただけますか／お持ち願えますか

例 木材をトラックで運んでいただけますか。

はじめる【始める】

尊 始められる／お始めになる

例 そろそろお始めになったらいかがですか。

謙 始めさせていただく

例 これより、開会式を始めさせていただきます。

参考 「始める」のかわりに、「開始する」などが使われることもある。

はしる【走る】

尊 走られる

例 全速力で走られたそうです。

参考 「走る」のかわりに、「駆ける」が使われることもある。

謙譲表現はあまり使われない。

はずす【外す】

尊 外される／お外しになる／お外しなさる

例 部長は、予算の問題を今日の議題からお外しになった。

謙 外させていただく

例 私はしばらく席を外させていただきます。

はせさんじる【馳せ参じる】謙

「駆け付ける」「大急ぎで行く」の謙譲語。

例 受賞の知らせを聞いて、馳せ参じました。

参考 「馳せ参ずる」ともいう。

はたす【果たす】

尊 果たされる

例 課長は、リーダーとしての役目を果たされた。

謙 果たさせていただく

例 約束は必ず果たさせていただきます。

はたらく【働く】

尊 働かれる／お働きになる／勤められる／お勤めになる／お勤めなさる

例 一日中働かれて、お疲れでしょう。

例 何年間お勤めになっているのですか。

謙 働かせていただく／勤めさせていただく

例 ぜひこちらで働かせていただきたいのですが。

参考「働く」のかわりに、「勤める」「勤務する」などが使われる場合もある。

はっそうする【発送する】

尊 発送される／発送なさる／送られる／お送りになる

例 何時の便で発送なさいますか。

謙 発送いたす／発送させていただく／お送りする／お送りいたす／送らせていただく

例 お荷物を発送いたします。

参考「発送する」のかわりに、「送る」が使われることも多い。

はってん【発展】

尊 ご発展

例 ますますのご発展をお祈り申し上げます。

参考「ご発展」と同義のことばに、「ご繁栄《はんえい》」「ご隆盛《りゅうせい》」「ご隆《りゅう》昌《しょう》」などがある。

はっぴょうする【発表する】

尊 発表される／発表なさる

例 明日の会見で新作を発表されるようです。

謙 発表いたす／発表させていただく

例 合格者を発表いたします。

はなしあう【話し合う】

尊 話し合われる／お話し合いになる／お話し合いなさる

例 おふたりでよく話し合われてください。

謙 話し合わせていただく

例 少し話し合わせていただきたいのですが。

はなす【放す・離す】

尊 放される・離される／お放しになる・お離しになる／お放しなさる・お離しなさる

例 ハンドルをお放しになってはいけません。

謙 お放しする・お離しする／お放しいたす・お離しいたす／お放し申し上げる・お離し申し上げる／放させていただく・離させていただく

例 手をお放しいたしますので、ご注意ください。

はなす【話す】

尊 話される／お話しになる／お話しなさる

例 周りに合わせて大声でお話しになる。

謙 お話しする／お話しいたす／お話し申し上げる／話させていただく

例 昨日休んだ理由をお話しいたします。

参考 場合によって、「話す」のかわりに「述べる」「説明する」などが使われることもある。「話す」のくだけた言い方である「しゃべる」は、敬語の形をとらない。

命令・依頼 ～してほしい

尊 話してください／お話しください／話してくださいますか／お話しくださいますか

例 先生からお話しくださいますか。

謙 話していただけますか／お話しいただけますか／お話し願いますか／お話し願えますか

例 最初から順を追ってお話しいただけますか。

不可能 ～できない

謙 お話しできません／お話ししかねます／お話しいたしかねます

例 私からはお話しいたしかねます。

禁止 ～しないでくれ

尊 お話しにならないでください／お話しになりませんよう／お話しくださいませんよう

例 他社の方にお話しになりませんようお願いいたします。

NG 「お話ししていただく」は誤り。

× 社長にお話ししていただきましょう。

○ 社長にお話しいただきましょう。

はは【母】

尊 **お母様《かあさま》／お母上《ははうえ》／母君《ははぎみ》／ご母堂《ぼどう》（様）**

参考 自分の側についていう場合は、敬意を含まない「母」「おふくろ」などが使われる。母の尊敬語には、夫の母であれば「お姑様」、妻の母であれば「ご外母《がいぼ》」「ご岳母《がくぼ》」などもある。

NG 第三者の前で母親を「お母さん」と言わない。

×うちのお母さんの手作りです。

○うちの母の手作りです。

はばかりながら【憚りながら】他

言うのがためらわれるときに使う、クッションことば。

例 はばかりながら、一言申し上げたく存じます。

参考「生意気を言うようだが」「失礼だが」の意。「恐れながら」も同義のことば。

はばむ【阻む】

尊 **阻まれる**

例 新市長はぎりぎりのところで前市長の再選を阻まれた。

謙 **阻ませていただく**

例 この分野における御社の独走を阻ませていただくことが、我が社の目標です。

はぶく【省く】

尊 **省かれる**

例 手間を省かれても、おいしく出来上がります。

謙 **省かせていただく**

例 この際、堅苦しいご挨拶は省かせていただきます。

参考「省く」のかわりに、「省略する」「節約する」「割愛する」などが使われることもある。

はらう【払う】

尊 **払われる／お払いになる／お払いなさる**

例 代金をお払いになる。

謙 **お払いする／お払いいたす／お払い申し上げる／払わせていただく**

例 今日は私が払わせていただきます。
参考 とくに改まった場においては、「払う」のかわりに「支払う」が使われることも多い。

はる【貼る】

尊 貼られる／お貼りになる／お貼りなさる
例 こちらの用紙に、シール4枚をお貼りになってください。
謙 お貼りする／お貼りいたす／貼らせていただく
例 壁にポスターを貼らせていただきたいのですが。

ばれい【馬齢】 謙

自分の年齢をへりくだっていう語。
例 馬齢を重ねてきただけの私ですから、皆様のお役に立てるかどうか…。
参考 「馬齢を重ねる」「馬齢を加える」の形で使われる。

ひ

ひー【卑】 謙

自分の側の物事について、謙譲を表す。
例 卑官。卑見。

びー【微】 謙

自分の側の物事について、謙譲を表す。
例 微意。微志。微衷。微力。

びい【微意】 謙

自分の志をへりくだっていう語。
例 感謝の微意を表したいと存じます。
参考 「寸志」「微志」もほぼ同義のことば。

ひいき【贔屓】

尊 ごひいき／お引き立て
例 ごひいきにあずかりありがとう存じます。

例 平素のお引き立てに厚く御礼申し上げます。

ひかえる【控える】

尊 控えられる／お控えになる／お控えなさる／遠慮される／遠慮なさる

例 検査の前日は、お酒をお控えになってください。

例 発言は遠慮なさるそうです。

謙 控えさせていただく／遠慮いたす／遠慮させていただく

例 ご挨拶を控えさせていただきます。

例 せっかくのお招きですが、今回は遠慮させていただきます。

参考 「控える」のかわりに、「遠慮する」が使われることもある。

ひきうける【引き受ける】

尊 引き受けられる／お引き受けになる／お引き受けなさる／受けられる／お受けになる／お受けなさる

例 この役をお引き受けになった理由をお聞かせください。

謙 お引き受けする／お引き受けいたす／お引き受け申し上げる／引き受けさせていただく／お受けする／お受けいたす／承《うけたまわ》る

例 父にかわり、私がお引き受けいたします。

参考 「引き受ける」のかわりに、「受ける」も使われる。謙譲表現では、「承る」も使われる。

ひきとる【引き取る】

尊 引き取られる／お引き取りになる／お引き取りなさる

例 品物をお引き取りになるおつもりですか。

謙 お引き取りする／お引き取りいたす／お引き取り申し上げる／引き取らせていただく

例 映らないテレビもお引き取りいたします。

命令・依頼 ～してほしい

尊 引き取ってください／お引き取りください／引き取ってくださいますか／お引き取りくださいますか

例 申しわけございませんが、お引き取り（＝お帰り）くださいますか。

謙 引き取っていただけますか／お引き取りいただけますか／

お引き取り願います／お引き取り願えますか

例 壊れた家電でも引き取っていただけますか。

不可能 ～できない

謙 お引き取りできません／お引き取りしかねます／お引き取りいたしかねます

例 一度ご使用になった商品は、お引き取りいたしかねます。

参考 「引き取る」には、「手もとに受け取る」と「その場から退く」のふたつの意味がある。とくに、「お引き取りください」「お引き取りいただけますか」「お引き取り願えますか」などは、相手に帰るよう促すときに使われることが多い。

ひく【引く】

尊 引かれる／お引きになる／お引きなさる

例 福引きで一等をお引きになったそうです。

謙 お引きする／お引きいたす／お引き申し上げる／引かせていただく

例 身を引かせていただきます。

ひけん【卑見】謙

自分の意見をへりくだっていう語。

例 あえて卑見を述べさせていただきますと…。

ひさい【非才】謙

自分の才能をへりくだっていう語。

例 非才をかえりみず、私見を述べさせていただきます。

参考 「微才」「浅学非才」も同義のことば。

びし【微志】謙

自分の志をへりくだっていう語。

例 微志ですがお受けください。

参考 「わずかな志」の意。「寸志」「微意」もほぼ同義のことば。

ひたす【浸す】

尊 浸される

例 ガーゼをアルコールに浸される。

謙 浸させていただく

例 汚れた衣類を水に浸させていただきました。

びちゅう【微衷】 謙

自分の真心をへりくだっていう語。

例 微衷をお察しください。

びっくりする

→おどろく（→44ページ）

ひっこす【引っ越す】

尊 引っ越される／お引っ越しになる／お引っ越しなさる／転居される／転居なさる／移転される／移転なさる

例 先月お引っ越しなさったそうですね。

謙 引っ越しいたす／転居いたす／移転いたす

例 来月より、下記の住所に事務所を移転いたします。

参考 「引っ越す」のかわりに、「転居する」などが使われることもある。会社や事務所などが住所を移す場合は、多く「移転する」が使われる。

ひっせき【筆跡】

尊 尊筆《そんぴつ》

謙 拙筆《せっぴつ》／乱筆／禿筆《とくひつ》

例 乱筆お許しくださいませ。

参考 「禿筆」は「穂先がすり切れて短くなった筆」の意で、自分の書いた文字や文章をへりくだっていう語。

ひと【人】

尊 方《かた》／お方

例 ご用の方はベルでお知らせください。

謙 者《もの》

例 係りの者を呼んで参りますので、少々お待ちください。家の者ともよく相談いたします。

参考 「お方」は「方」よりも敬意が高い。複数形である「人々」の尊敬語は「方々《かたがた》」。「ご参列の方々」「ご来場の方々」のように使われる。

ひとさま【人様】尊

他人をうやまっていう語。

例 人様にご迷惑をかけないようにしなさい。

ひま【暇】

尊 お暇／お手透《てす》き（お手隙《てすき》）

例 お手透きの折にでも、お立ち寄りください。

参考「手透き」は、「手があいていること」の婉曲《えんきょく》な言い回し。

びりょく【微力】謙

自分の力量をへりくだっていう語。

例 微力ながら、お手伝いさせていただきます。

参考「乏しい力量」の意。

ひろう【拾う】

尊 拾われる／お拾いになる／お拾いなさる

例 こちらの財布は、どのあたりで拾われたのですか。

謙 拾わせていただく

例 タクシーを拾わせていただきます。

ひろめる【広める】

尊 広められる／お広めになる／お広めなさる

例 学長は、新しい考えを世に広められた先駆者です。

謙 お広めする／お広めいたす／広めさせていただく

例 お店の名前を広めさせていただきます。

ふかめる【深める】
尊 深められる
例 ご子息は、外国の友人と親交を深められたようです。
謙 深めさせていただく
例 理解を深めさせていただきました。

ふく【吹く】
尊 吹かれる／お吹きになる／お吹きなさる
例 口笛をお吹きになりながら外出なさいました。
謙 吹かせていただく
例 フルートを吹かせていただきます。

ふく【拭く】
尊 拭かれる／お拭きになる／お拭きなさる
例 ハンカチで額をお拭きになる。
謙 お拭きする／お拭きいたす／お拭き申し上げる／拭かせていただく
例 お車の窓をお拭きいたします。

ふくけい【復啓】 他
手紙の返事ではじめに用いる、挨拶のことば。
参考 「拝復」も同義のことば。

ぶじ【無事】
尊 ご無事
例 全員ご無事だそうで、安堵《あんど》いたしました。

ふしょう【不肖】 謙
自分のことをへりくだっていう語。
例 本日の司会は、不肖私が務めさせていただきます。
参考 「親や師に似ずおろかなこと」の意で、「不肖の子」「不肖の弟子」のようにも使われる。

ふじん【夫人】尊

他人の妻をうやまっていう語。

例 社長夫人。

参考 元来は、身分の高い人の妻をさしたことば。

ふせい【斧正】謙

自作の詩文などを人に添削してもらうことを、へりくだっていう語。

例 よろしく斧正を乞いたいと存じます。

参考「斧《おの》で正す」の意。自分の著作などを献呈する場合にも使われる。

ふせぐ【防ぐ】

尊 防がれる／お防ぎになる／お防ぎなさる

例 部長は的確な指示をなさり、トラブルを未然にお防ぎになった。

謙 防がせていただく

例 プログラムのミスは、チェックを重ねることで防がせていただきます。

ふせる【伏せる】

尊 伏せられる／お伏せになる／お伏せなさる

例 頬を赤らめて、顔をお伏せになった。

謙 お伏せする／お伏せいたす／お伏せ申し上げる／伏せさせていただく

例 お名前は伏せさせていただきます。

参考 秘密にする意の「伏せる」は、「隠す」のかわりとしても使われる。

ふたり【二人】

尊 お二人／お二方《ふたかた》／二名様／両君

例 お二方とも東京都にお住まいです。

例 二名様をお席にご案内しました。

例 佐藤と山本の両君。

参考「両君」は、同輩または目下のふたりの男性に対する、軽い敬称。

ふとる【太る】

尊 **太られる／お太りになる／ふっくらされる／ふっくらなさる／ふくよかになられる**

例 入院される前に比べて、少しふっくらなさいましたね。

参考 体型に言及しなければならない場合、直接的な「太る」より、「ふっくらする」「ふくよかになる」などの婉曲《えんきょく》な表現のほうが好まれる。謙譲表現は使われない。

ふむ【踏む】

尊 **踏まれる／お踏みになる／お踏みなさる**

例 きちんとした手続きをお踏みになることが重要です。

謙 **踏ませていただく**

例 息子は先日、初舞台を踏ませていただきました。

ふめい【不明】

尊 **ご不明**

例 ご不明な点がありましたらご連絡ください。

ふやす【増やす・殖やす】

尊 **増やされる・殖やされる／お増やしになる・お殖やしになる／お増やしなさる・お殖やしなさる**

例 来月から取り扱い商品を増やされるそうですね。

謙 **増やさせていただく・殖やさせていただく**

例 来月から、急行列車の本数を増やさせていただきます。

ふりかえる【振り返る】

尊 **振り返られる**

例 昔のことばかり振り返られているご様子です。

謙 **振り返らせていただく**

例 写真を拝見して、いろいろなことを振り返らせていただきました。

ふるまう【振る舞う】

尊 **振る舞われる／お振る舞いになる／お振る舞いなさる**

例 つとめて明るくお振る舞いになる。

謙 **振る舞わせていただく**

例 皆様に、自慢の料理を振る舞わせていただきます。
参考 「振る舞う」には、「行動する」と「ごちそうする」のふたつの意味がある。

ぶれい【無礼】

謙 **ご無礼**
例 先日は、とんだご無礼をいたしました。
参考 「無礼」は、「礼儀に外れた振る舞いをすること」の意。

ふれる【触れる】

尊 **触れられる／お触れになる／お触れなさる**
例 先日の件には少しもお触れになりませんでした。
謙 **触れさせていただく**
例 事件の概略にも、少しだけ触れさせていただきますと…。
参考 「ふれる」は、「さわる」よりも婉曲《えんきょく》な表現。

ぶんしょう【文章】

謙 **拙文《せつぶん》／乱文／駄文《だぶん》**

例 乱筆乱文にて。

へ

へい【弊】 謙

自分の側の物事について、謙譲を表す。

例 弊屋《へいおく》。弊行。弊紙。弊誌。弊社。弊店。

参考「弊」は、「よくない」の意。

へいか【陛下】 尊

天皇・皇后・上皇・上皇后・皇太后・太皇太后の尊称。

例 陛下からおことばを賜りました。

参考 単独で「陛下」という場合は、天皇をさすことが多い。

へいかい【閉会】

↓おひらき（↓46ページ）

へいこう【弊行】 謙

自分の銀行をへりくだっていう語。

例 弊行をご利用いただき、誠にありがとうございます。

へいし【弊紙】 謙

自分たちが発行している新聞をへりくだっていう語。

例 弊紙の記事に誤りがございましたこと、深くお詫《わ》び申し上げます。

参考「小紙」と同義のことば。

へいし【弊誌】 謙

自分たちが発行している雑誌をへりくだっていう語。

例 弊誌をご購読いただきましてありがとうございます。

参考「小誌」と同義のことば。

へいしゃ【弊社】 謙

自分が属する会社をへりくだっていう語。

例 弊社の沿革をご紹介いたします。

参考「小社」も同義のことば。

へいてん【弊店】 謙

自分の店をへりくだっていう語。

例 ぜひ、弊店まで足をお運びください。

べんきょうする【勉強する】

尊 勉強される／勉強なさる

例 英語はどちらで勉強なさったのですか。

謙 勉強いたす／勉強させていただく

例 よい機会なので、しっかり勉強させていただきます。

例 本日お買い上げいただければ、5千円勉強させていただきます。

参考「勉強する」は、商品を値引きする意味でも使われる。

へんじする【返事する】

尊 返事される／返事なさる／お（ご）返事になる／お（ご）返事なさる

例 昨日のお問い合わせの件、もうお（ご）返事なさいましたか。

謙 返事いたす／お（ご）返事いたす／お（ご）返事申し上げる

例 すぐにお（ご）返事いたします。

参考「返事する」のかわりに、「返答する」「答える」などが使われることもある。

ほ

ほうー【芳】 尊

相手の側の物事や行為について、尊敬を表す。

例 芳恩。芳志。芳書。芳情。芳信。芳名。

参考「芳」は、「よい香り」の意。

ぼうおく【茅屋】 謙

自宅をへりくだっていう語。

例「みすぼらしい家」の意。「あばら屋」なども同義。

ほうぎょ【崩御】 尊

天皇・皇后・上皇・上皇后・皇太后・太皇太后が亡くなることを、うやまっていう語。

ほうこくする【報告する】

尊 **報告される／報告なさる／ご報告になる／ご報告なさる**

例 進行状況については、部長がご報告なさった通りです。

謙 **報告いたす／ご報告する／ご報告いたす／ご報告申し上げる／報告させていただく**

例 出張中の出来事について、ご報告申し上げます。

参考「報告する」のかわりに、「知らせる」が使われることもある。

ほうしょ【芳書】 尊

相手からの手紙をうやまっていう語。

例 芳書を拝見いたしました。

参考「芳信」も同義のことば。

ほうじょう【芳情】 尊

（多く「ご芳情」の形で）人の温かい親切心をうやまっていう語。

例 日ごろは並々ならぬご芳情をいただき、本当にありがたく存じます。

ほうしん【芳信】尊

相手からの手紙をうやまっていう語。

参考「芳書」も同義のことば。

ほうめい【芳名】尊

相手の名前をうやまっていう語。

例 受付で（ご）芳名をご記入なさってください。

例 芳名録。

参考「ご芳名」の形も多く見られる。

ほうもんする【訪問する】

尊 訪問される／訪問なさる／ご訪問になる／ご訪問なさる／訪《たず》ねられる／お訪ねになる／お訪ねなさる

例 来月、社長はイギリスを訪問される予定です。

謙 訪問いたす／ご訪問する／ご訪問いたす／訪問させていただく／お訪ねする／お訪ねいたす／お訪ね申し上げる／伺《うかが》う／お伺いする／お伺いいたす

例 これから御社をお訪ねしてよろしいですか。

参考 謙譲表現の「訪問いたす」は、少し大げさな感じがするため、「ご訪問する」「ご訪問いたす」「訪ねる」や「伺う」のほうが一般的。

謙譲語に「推参《すいさん》する」があるが、やや古風な表現で現在はあまり使われない。

Point 自分の側が訪問するときは「伺う」

自分や自分の側が訪問する場合は、「伺う」や「お訪ねする」を用いる。

例

「先週、先生のお宅をご訪問なさったそうですね」

「ええ。友人と一緒にお伺いしました」

ほす【干す】

尊 干される／お干しになる／お干しなさる

例 先輩は、ベランダでふとんを干されています。

謙 干させていただく

例 洗濯物なら、私が干させていただきます。

ぼどう【母堂】 尊

他人の母をうやまっていう語。

例 いつもお元気なご母堂様も、さすがにお疲れでしょう。

参考 多く「ご母堂様」の形で使われる。

ほどく【解く】

尊 **ほどかれる／おほどきになる／おほどきなさる**

例 社長はお疲れのご様子で、ネクタイをほどかれた。

謙 **ほどかせていただく**

例 お荷物をほどかせていただきます。

ほめる【褒める】

尊 **褒められる／お褒めになる／お褒めなさる**

例 部下をお褒めになるのをはじめて聞きました。

受け身（目上から）～される

謙 **お褒めいただく／お褒めにあずかる**

例 お褒めにあずかり、大変光栄でございます。

参考「褒める」は、目上から目下に対してのみ使われること

ば。

ほんじつ【本日】 他

「今日」の改まった言い方。

例 本日はお忙しい中をお集まりいただき、ありがとうございます。

ほ

ま

まいる【参る】謙

❶「行く」「来る」の謙譲語。

例 明日は午後3時ごろ参ります。

例 まもなく担当者が参ります。

❷「〜して参る」の形で、「〜して行く」「〜して来る」の謙譲語。

例 私が様子を見て参ります。

参考「参る」には、「まもなく電車が参ります」「すっかり暑くなって参りました」のような丁重語の用法もある。

NG「参る」を相手に使うのは誤り。

×何時ごろ参られますか。

○何時ごろいらっしゃいますか。

まかせる【任せる】

尊 まかせられる／おまかせになる／おまかせなさる

例 社長は、交渉を部長におまかせになった。

謙 おまかせする／おまかせいたす／おまかせ申し上げる

例 お料理の内容は、料理長におまかせいたします。

参考「まかせる」のかわりに、「ゆだねる」「一任する」などが使われる場合もある。

まかりでる【罷り出る】謙

❶「退出する」の謙譲語。引き下がる。

例 7時ごろ、御前をまかり出ました。

❷「人の前に出る」の謙譲語。参上する。

例 挨拶にまかり出る。

まげる【曲げる】

尊 曲げられる／お曲げになる／お曲げなさる

例 とうとうご自分の主張を曲げられた。

参考 謙譲表現はあまり使われない。

まご【孫】

尊 お孫さん／ご令孫

参考 自分の側についていう場合は、敬意を含まない「孫」が使われる。

まじわる【交わる】

尊 交わられる

例 現地の方とも深く交わられているそうです。

謙 交わらせていただく

例 Aさんとは、プライベートでも交わらせていただいております。

参考 交際する意の「交わる」は、「つき合う」「交流する」などに言い換えられることも多い。

ます 丁

動詞などについて、言い回しを丁寧にする語。

例 お手元に資料をお配りします。

参考 動詞・助動詞「れる・られる・せる・させる」の連用形につく。「です」「ございます」とともに基本的な丁寧語。

ませ 丁

「いらっしゃる」「くださる」「なさる」など、敬語の動詞について言い回しを丁寧にする語。

例 一部ずつお持ちくださいませ。

参考 「ます」の命令形。相手に動作をうながす際に使われる。

まぜる【交ぜる・混ぜる】

尊 交ぜられる・混ぜられる／お交ぜになる・お混ぜになる／お交ぜなさる・お混ぜなさる

例 お湯に少量の塩をお混ぜになる。

謙 交ぜさせていただく・混ぜさせていただく

例 トランプを交ぜさせていただきます。

まちがえる【間違える】

尊 間違えられる／お間違えになる／お間違えなさる

例 電話番号をお間違えになりませんでしたか。

参考 謙譲表現は使われない。

まつ【待つ】

尊 **待たれる／お待ちになる／お待ちなさる**

例 お連れ様がお待ちになっています。

謙 **お待ちする／お待ちいたす／お待ち申し上げる／待たせていただく**

例 またのご来店をお待ち申し上げております。

命令・依頼 ～してほしい

尊 **待ってください／お待ちください／待ってくださいますか／お待ちくださいますか**

例 こちらで少々お待ちくださいますか。

謙 **待っていただけますか／お待ちいただけますか／お待ち願います／お待ち願えますか**

例 明日までお待ち願えますか。

NG 「お待ちしていただく」は誤り。

× こちらでお待ちしていただけますか。

○ こちらでお待ちいただけますか。

まっせきをけがす【末席を汚す】 謙

「参加する」「出席する」の謙譲語。

例 本日より学会の末席を汚すことになりました。

参考 「末席」は、目下の者が座る席のこと。

まつのは【松の葉】 謙

自分の志をへりくだっていう語。

参考 贈り物などの包み紙の上に書くことば。「松の葉に包んだほどのわずかな贈り物」の意。「寸志」もほぼ同義。

まっぱい【末輩】 謙

自分の地位や身分をへりくだっていう語。

例 私のような末輩の者まで会に呼んでくださいました。

参考 「地位の低い者」の意。「技術の劣る者」の意でも使われる。

まとめる

尊 **まとめられる／おまとめになる／おまとめなさる**

例 全員の意見をおまとめになった。
謙 **おまとめする／おまとめいたす／おまとめ申し上げる／まとめさせていただく**
例 明細書をひとつにおまとめしてもよろしいでしょうか。

まなぶ【学ぶ】

尊 **学ばれる**
例 大学ではどのようなことを学ばれたのですか。
謙 **学ばせていただく**
例 短い間でしたが、多くを学ばせていただきました。
参考「学ぶ」のかわりに、「勉強する」も使われる。

まねく【招く】

尊 **招かれる／お招きになる／お招きなさる**
例 パーティーにはどなたをお招きになったのですか。
謙 **お招きする／お招きいたす／お招き申し上げる／招かせていただく**
例 本日皆様をお招きしたのは、新規事業をご紹介するためです。
参考「招く」のかわりに、「招待する」が使われることもある。
受け身（目上から）～される
謙 **お招きいただく／お招きにあずかる**
例 本日はお招きにあずかりまして、誠に光栄でございます。

まねごと【真似事】謙

自分のしていることをへりくだっていう語。
例 剣道のまねごとを10年ほど続けてまいりました。
参考「本格的なものでないこと」の意。

まもる【守る】

尊 **守られる／お守りになる／お守りなさる**
例 社長は約束をお守りになるでしょう。
謙 **お守りする／お守りいたす／お守り申し上げる／守らせていただく**
例 何としても皆さんをお守りいたします。

ま

まよう【迷う】

尊 迷われる／お迷いになる／お迷いなさる

例 途中で道に迷われましたか。

参考「迷う」の謙譲表現はあまり使われない。

まわす【回す】

尊 回される／お回しになる／お回しなさる

例 経理に請求書をお回しになる。

謙 お回しする／お回しいたす／お回し申し上げる／回させていただく

例 余剰金の一部を、積み立てに回させていただきます。

み

みー【御】 尊

神仏、天皇、貴人などに関する表現について、尊敬を表す。

例 御教え。御子《みこ》。御心《みこころ》。御霊《みたま》。

みえる【見える】 尊

「来る」の尊敬語。

例 先生がお見えになりましたよ。

参考「見える」だけでも敬意を含むが、多く「お見えになる」の形で使われる。

みおくる【見送る】

尊 見送られる／お見送りになる／お見送りなさる

例 駅までお見送りなさいますか。

謙 お見送りする／お見送りいたす／お見送り申し上げる／見送らせていただく

例 空港までお見送りいたします。

参考「見送る」は、「今回のお取り引きは、見送らせていただきます」のように、婉曲《えんきょく》に断る意で使われることもある。

みがく【磨く】

尊 磨かれる

例 大学でフランス語やドイツ語も磨かれたそうです。

謙 磨かせていただく

例 靴を磨かせていただきます。

みかける【見かける】

尊 見かけられる／お見かけになる／お見かけなさる

例 黒いコートを着た男性を見かけられませんでしたか。

謙 お見かけする／お見かけいたす／お見かけ申し上げる／お見受けする／お見受けいたす

例 先日、学校の図書館で先生をお見かけいたしました。この付近では、ちょっとお見受けしないお顔ですね。

参考「見かける」の謙譲表現として、「見受ける」も使われる。また、「見受ける」は「見て取る」意の謙譲表現としても使われる。

みじゅくもの【未熟者】

謙 若輩《じゃくはい》／弱輩《じゃくはい》

例 若輩ではございますが、どうかよろしくお願いいたします。

みせ【店】

尊 貴店

謙 当店／弊店／小店

みせる【見せる】

尊 見せられる／お見せになる／示される／お示しになる／お示しなさる

例 再入場される際は、半券をお見せになってください。

謙 お見せする／お見せいたす／お見せ申し上げる／お目にかける／ご覧に入れる

例 先生にご覧に入れたいものがございます。

参考 尊敬表現では、「見せる」のかわりに「示す」なども使われる。謙譲表現は、「見せる」よりも「お目にかける」「ご覧に入れる」などに言い換えたほうが丁寧な印象。書きことばでは、「ご覧に供《きょう》する」なども使われる。

Point 「お目にかける」を使うとスマート

目上の相手に何かを見せる場合、「お見せする」でもかまわないが、「お目にかける」や「ご覧に入れる」を使うとより丁寧な印象になる。

例 「先生、めずらしい化石を見つけたので、今度お目にかけます」

「それは楽しみですね」

みたす【満たす】

尊 **満たされる／お満たしになる／お満たしなさる**

例 山海の珍味でお腹を満たされる。

謙 **お満たしする／お満たしいたす**

例 条件をお満たしするのは、むずかしいかと存じます。

みちびく【導く】

尊 **導かれる／お導きになる／お導きなさる**

例 社長は、新事業を成功へとお導きになりました。

謙 **お導きする／お導きいたす／お導き申し上げる／導かせていただく／案内いたす／ご案内する／ご案内いたす／ご案内申し上げる／案内させていただく**

例 頂上まで私がご案内いたします。

参考 「導く」には「指導する」意が含まれるため、謙譲表現を目上の人に使うとぞんざいな印象を与えることがある。そのため、かわりに「案内する」が使われる場合も多い。

みつける【見つける】

尊 **見つけられる**

例 先輩は、なくした財布を見つけられたようです。

謙 **見つけさせていただく**

例 今週中に、なんとか解決策を見つけさせていただきます。

みつめる【見つめる】

尊 **見つめられる**

例 お休み中のご子息の顔をじっと見つめられる。

謙 **見つめさせていただく**

例 失礼とは思いましたが、じっと見つめさせていただきました。

みてとる【見て取る】

尊 **見て取られる／見破られる／見抜かれる**

例 先生は、彼女が有段者だとすぐに見抜かれました。

謙 **お見受けする／お見受けいたす**

例 かなりの腕前とお見受けいたしました。

参考「見て取る」は敬語の形を取りにくいため、尊敬表現は「見破る」「見抜く」、謙譲表現は「見受ける」など、別の語に言い換えられることが多い。

「見受ける」は、「見かける」意の謙譲表現としても使われる。

みとめる【認める】

尊 **認められる／お認めになる／お認めなさる／承認される／ご承認になる／ご承認なさる**

例 私どもの提案を大筋でお認めになった。

謙 **認めさせていただく／承認いたす／承認させていただく**

例 今回に限り、例外を認めさせていただきます。

例 我々は経営陣の方針を承認いたします。

参考「認める」のかわりに、「承認する」などが使われることもある。

みな【皆】

尊 **皆さん／皆様／各位／諸氏／諸賢《しょけん》**

例 諸賢におかれましては、ますますご活躍のことと存じます。

謙 **私ども／手前ども**

例 私どもは、夜9時まで営業しております。

参考「皆様」は、「皆さん」よりも丁寧な言い方。

謙譲語ではないが、「卒業生一同」のように、自分の側の人間すべてをさすことばに「一同」がある。

みなおす【見直す】

尊 見直される

例 先生は、書類をじっくりと見直されました。

謙 見直させていただく

例 予算案を見直させていただきます。

参考「見直す」のかわりに、「検討する」などが使われることもある。

みならう【見習う】

尊 見習われる

例 先輩は、どなたの仕事の仕方を見習われたのですか。

謙 見習わせていただく

例 先輩を見習わせていただきます。

みにつける【身に付ける】

尊 身に付けられる／お召しになる

例 幅広い教養を身に付けられています。

例 白いカーディガンをお召しになっています。

参考「身に付ける」が「着る」意の場合、尊敬表現として「お召しになる」も使われる。

みのがす【見逃す】

尊 見逃される／お見逃しになる／お見逃しなさる

例「今回限りです」とお見逃しになった。

謙 お見逃しする／お見逃しいたす／お見逃し申し上げる／見逃させていただく

例 何度もお見逃しするわけにはまいりません。

みまう【見舞う】

尊 見舞われる／お見舞いになる／お見舞いなさる

例 会社の帰りに、入院中のご友人をお見舞いなさったそうです。

謙 お見舞いする／お見舞いいたす／お見舞い申し上げる

例 先日、先生のお父様をお見舞いいたしました。

みょうごにち【明後日】他

「明後日《あさって》」の改まった言い方。

例 会議を明後日に延期いたします。

みょうにち【明日】他

「明日《あす》」の改まった言い方。

例 明日の午後、お伺いいたします。

みる【見る】

尊 ご覧になる

例 神戸の夜景はもうご覧になりましたか。

謙 見させていただく／拝見《はいけん》する／拝見いたす／拝観《はいかん》する

例 先日お送りいただいた資料を拝見いたしました。

参考「見る」の尊敬表現はほとんど使われず、かわりに「ご覧になる」が用いられる。謙譲表現も「見させていただく」以外は使われず、「拝見する」が一般に用いられる。なお、「拝観する」は、おもに神社仏閣や宝物《ほうもつ》を見る場合に使われる語。

Point きちんと「拝見する」で答える

相手に「ご覧いただけましたか」と聞かれたら、きちんと「拝見いたしました」と答えられるとスマート。

例

「お送りしたメール、ご覧いただけましたか」

「ええ、拝見いたしました。」

みること【見ること】

尊 ご覧／ご高覧《こうらん》

例 利用者の推移については、ご覧の通りです。

例 ぜひとも、ご高覧に供したく存じます。

謙 ご笑覧《しょうらん》

例 拙作ではございますが、ご笑覧ください。

む

むかう【向かう】

尊 向かわれる

例 会長は快方に向かわれているそうです。

参考 「向かう」の謙譲表現はふつう使われない。

むかえる【迎える】

尊 迎えられる／お迎えになる／お迎えなさる

例 お嬢様のお帰りを、両手を広げて迎えられた。

例 来年の3月に定年をお迎えになる。

謙 お迎えする／お迎えいたす／お迎え申し上げる／迎えさせていただく

例 お客様をお迎えする準備をいたします。

参考 「迎える」の意味によって、「出迎える」「歓迎する」なども使われることもある。

むく【向く】

尊 向かれる／お向きになる／お向きなさる

例 窓の方をお向きになる。

謙 向かせていただく。

例 前を向かせていただく。

むく【剥く】

尊 むかれる／おむきになる／おむきなさる

例 こたつに入ってみかんをおむきになる。

謙 おむきする／おむきいたす／おむき申し上げる／むかせていただく

例 りんごをおむきいたしましょう。

むける【向ける】

尊 向けられる／お向けになる／お向けなさる

例 お孫さんにやさしい視線をお向けになる。

参考 謙譲表現はあまり使われない。

むこうさま【向こう様】 尊

「先方」の尊敬語。

例 向こう様の意見も伺ってみましょう。

参考 「あちら様」とほぼ同義。ともに敬意は軽い。

むすこ【息子】

尊 **お坊ちゃん／ご愛息（様）／ご子息（様）／ご令息（様）**

例 お坊ちゃんはおいくつになられましたか。

謙 **愚息《ぐそく》／せがれ／豚児《とんじ》**

例 うちのせがれがお世話になっております。

参考 自分の側についていう場合は、敬意を含まない「息子」も使われる。

むすぶ【結ぶ】

尊 **結ばれる**

例 庭の木に黄色いリボンを結ばれた。

謙 **結ばせていただく**

例 契約を結ばせていただきます。

むすめ【娘】

尊 **お嬢様／ご愛嬢（様）／ご息女（様）／ご令嬢（様）／娘《むすめ》御《ご》**

例 お嬢様はどちらにお勤めですか。

参考 自分の側についていう場合は、敬意を含まない「娘」が使われる。

め

ーめ【奴】 謙

自分や自分の側を表す語について、謙譲を表す。

例 私めの落ち度でございます。

例 せがれめにお申し付けください。

参考 やや古風な表現。

めい【姪】

尊 **姪御《めいご》**

例 姪御さんはおいくつになられましたか。

参考 自分の側についていう場合は、敬意を含まない「姪」、または「姪っ子」などが使われる。

ーめい【名】 他

人数を数えることば。

例 お客様は、何名様でいらっしゃいますか。

参考 「人《にん》」よりも丁寧な言い方。「様」を付けて、尊敬語として使われることが多い。

めいさつ【明察】 尊

（多く「ご明察」の形で）相手の推察をうやまっていう語。

例 ご明察の通りです。

めいじる【命じる】

尊 **命じられる／お命じになる／お命じなさる**

例 社長は、すぐさま出発するよう私にお命じになった。

参考 目上の人が目下の者に言い付ける意。謙譲表現は使われない。

めいせい【名声】

尊 **（ご）高名／（ご）雷名《らいめい》**

例 ご雷名はかねてより伺っております。

参考 「高名」は、相手の名前の尊敬語としても使われる。「雷名」は、「雷のようにとどろきわたる名声」の意。

めいれい【命令】

尊 仰《おお》せ

例 何でも仰せの通りにいたします。

参考「仰せ」は、「相手のことば」の尊敬語としても使われる。

めいれいをうける【命令を受ける】

謙 仰《おお》せつかる

例 契約を早急にまとめるよう、社長から仰せつかりました。

めいわくする【迷惑する】

尊 迷惑される／迷惑なさる

例 近所の騒音に迷惑なさっているそうですね。

謙 迷惑いたす

例 理不尽なクレームには迷惑いたしております。

めがねにかなう【眼鏡にかなう】

↓おめがねにかなう（↓47ページ）

めぐむ【恵む】

尊 恵まれる／お恵みになる／お恵みなさる

例 困窮する施設に食料をお恵みになった。

参考「恵む」は、目上の人から目下の者に与える意。

謙譲表現は使われない。

めざめる【目覚める】

尊 目覚められる／お目覚めになる／お目覚めなさる

例 今朝は早くお目覚めになったそうです。

参考「お目覚めが早いですね」のように、「お目覚め」だけでも使われる。

謙譲表現は使われない。

めしあがる【召し上がる】尊

「食べる」「飲む」の尊敬語。

例 今晩は何を召し上がりますか。

参考「お召し上がりになる」や「お召し上がりください」は二重敬語だが、敬意の高い表現としてよく使われる。

めす【召す】尊

❶「食べる」「飲む」の尊敬語。
例すでに御酒を召していらっしゃるようです。

❷「着る」「履く」の尊敬語。
例先生は、絹のお着物をお召しになっています。

参考本来「召す」は、「呼びよせる」「飲食する」「湯に入る」「乗り物に乗る」など、ある状態を受け入れる意を持つ多義語。現在では、右記のほかは「お酒を召す」「お年を召す」「お気に召す」「おかぜを召す」などの、慣用的な表現以外にはほとんど使われない。

めでたいこと

↓おめでた（↓48ページ）

（↓48ページ）

めをかけること【目をかけること】

尊お引き立て／ご贔屓《ひいき》／ご愛顧
例倍旧のお引き立てを賜りますようお願い申し上げます。

も

もうける【設ける】

尊設けられる
例式のあとに一席を設けられた。

謙設けさせていただく
例試食のコーナーを設けさせていただいております。

参考「設ける」のかわりに、「備える」「設置する」なども使われる。

もうける【儲ける】

尊もうけられる
例あの方は、好景気で相当もうけられたようです。

謙もうけさせていただく
例おかげ様で1年分をもうけさせていただきました。

もうしあげる【申し上げる】謙

「言う」の謙譲語。「申す」よりも敬意は高い。

例 お祝いのことばを一言申し上げます。
参考「お（ご）～申し上げる」の形で、付け足し型の謙譲表現となる。

もうしきかせる【申し聞かせる】謙 他

❶「言い聞かせる」の謙譲語。
例 私からもよく申し聞かせますので、お許しくださいませ。
❷「言い聞かせる」の荘重な言い方。
例 父として申し聞かせておきたいことがある。

もうしこし【申し越し】

尊 お申し越し
例 お申し越しの件は承知いたしました。
参考「申し越し」は、相手が手紙などを通して言ってきたこと、またはその内容のこと。「申す」に謙譲の意味はない。

もうしこむ【申し込む】

尊 申し込まれる／お申し込みになる／お申し込みなさる
例 料金はお申し込みになる際にお持ちください。
謙 申し込ませていただく
例 御社のセミナーに申し込ませていただきたいのですが。
参考 この「申す」に謙譲の意味はない。同様に、「申し入れる」「申し出る」「申し合わせる」などの「申す」も、謙譲の意味を持たない。
一方、「申し上げる」「申し聞かせる」「申し伝える」「申し述べる」などの「申す」には、謙譲の意味が含まれている。

もうしつける【申し付ける】

尊 申し付けられる／お申し付けになる／お申し付けなさる
例 部長は私に、海外勤務をお申し付けになりました。
参考「申し付ける」は、目上の人が目下に命ずる意。謙譲表現は使われない。

もうしつたえる【申し伝える】謙

「言い伝える」の謙譲語。
例 本人が戻りましたら必ず申し伝えます。

参考 多く、電話の受け答えで使われる。

もうしのべる【申し述べる】 謙

「述べる」の謙譲語。

例 今月の販売成績について申し述べます。

もうしわけない【申し訳《わ》ない】 他

❶相手に詫びるときの、挨拶のことば。

例 遅くなって大変申しわけありません。

❷相手にお礼を伝えるときの、挨拶のことば。

例 けっこうな品をいただきまして、申しわけありません。

❸（「申しわけありませんが」の形で）相手に何かを頼むときなどの、クッションことば。

例 申しわけありませんが、折り返しご連絡いただけますか。

参考 「申しわけ」は「相手に述べるべき理由」「言いわけ」の意。「申しわけない」で、「弁解のしようもない」の意。「申しわけありません」「申しわけございません」は、より丁寧な表現。「申しわけない」は、とくにビジネスシーンでお詫びのことばとしてよく使われる。

もうす【申す】 謙

「言う」の謙譲語。

例 母が私にこう申しました。

例 私は本山と申します。

参考 謙譲語「申す」は、「申し上げる」よりも敬意が軽い。また、「申す」には「『急がば回れ』と申します」のような丁寧語の用法もある。

NG「申される」は誤り。

謙譲語の「申す」と尊敬表現の「〜される」を混用した、「申される」は誤り。

× 課長が申された通りです。

○ 課長が話された通りです。

もちあげる【持ち上げる】

尊 持ち上げられる

例 重い荷物を軽々と持ち上げられた。

謙 **持ち上げさせていただく**

例 一緒に持ち上げさせていただきます。

もつ【持つ】

尊 **持たれる／お持ちになる／お持ちなさる**

例 お弁当は各自でお持ちになってください。

謙 **お持ちする／お持ちいたす／お持ち申し上げる／持たせていただく**

例 先生のお荷物をお持ちいたします。

参考 「持つ」のかわりに、「持参する」が使われることもある。

NG **「お持ちする」を相手に使うのは誤り。**
相手の行為に謙譲表現「お～する」を使うのは誤り。
× 資料を一部ずつお持ちしてください。
○ 資料を一部ずつお持ちになってください。

もったいない【勿体無い】 他

目上の人から好意などを受けたときに使うことば。恐れ多い。

例 あまりにもったいないお言葉でございます。

もっていく【持って行く】

尊 **持って行かれる／持ってお行きになる／持っていらっしゃる／持参される／持参なさる**

例 家から傘を持って行かれたほうがよろしいでしょう。

謙 **持って参る／持参いたす**

例 家からパソコンを持って参ります。

参考 「持って行く」のかわりに、「持参する」が使われる場合もある。

もってくる【持って来る】

尊 **持って来られる／持っていらっしゃる／持参される／持参なさる**

例 当日は、筆記用具を持って来られたほうがよいでしょう。

謙 **持って参る／持参いたす**

例 自分で作った弁当を持って参りました。

参考 「持って来る」のかわりに、「持参する」が使われる場合もある。

もっとも

↓ごもっとも（↓99ページ）

もてなす

尊 もてなされる／おもてなしになる／おもてなしなさる

例 家元《いえもと》が招待客をおもてなしになる。

謙 おもてなしする／おもてなしいたす／おもてなし申し上げる

例 心を込めておもてなしいたします。

もとめる【求める】

尊 求められる／お求めになる／お求めなさる

例 このテーブルクロスはどちらでお求めになったのですか。

参考 「求める」の尊敬表現は、「買う」意で使われる場合も多い。謙譲表現はあまり使われない。

もどる【戻る】

尊 戻られる／お戻りになる／お戻りなさる

例 先生は何時ごろお戻りになりますでしょうか。

謙 戻らせていただく

例 ひと足お先に社に戻らせていただきます。

参考 もとの場所に帰る意の「戻る」は、かわりに「帰る」が使われることもある。

もの【者】 謙

自分にとって身内にあたる「人」をへりくだっていう語。

例 家の者と相談してからお返事いたします。

もむ【揉む】

尊 もまれる／おもみになる／おもみなさる

例 火を通す前に、よく塩でおもみになってください。

謙 おもみする／おもみいたす／おもみ申し上げる／もませていただく

例 肩をおもみいたしましょう。

もらう

尊受け取られる／お受け取りになる／お受け取りなさる

例 入り口でパンフレットをお受け取りになりましたか。

謙いただく／頂戴《ちょうだい》する／頂戴いたす／賜《たまわ》る

例 社長からお褒めのことばを賜りました。

参考 目上に「もらう」を用いるとぞんざいな印象を与えるため、「受け取る」などが用いられる。謙譲語の「賜る」は、非常に敬意の高いことば。

もらうこと

謙拝領《はいりょう》

例 殿様より拝領した家宝の太刀。

参考 古風な表現。敬意は非常に高い。

もらす【漏らす】

尊漏らされる／お漏らしになる／お漏らしなさる

例 酒の勢いで、本心をお漏らしになった。

参考 「漏らす」の謙譲表現はあまり使われない。

や

やく【焼く】

尊焼かれる／お焼きになる／お焼きなさる

例 お孫さんの世話をお焼きになる。

謙お焼きする／お焼きいたす／焼かせていただく

例 肉は私どもが焼かせていただきます。

やくそくする【約束する】

尊約束される／約束なさる／お約束になる／お約束なさる

例 必ずまた会おうとお約束なさったそうです。

謙約束いたす／お約束する／お約束いたす／お約束申し上げる／お誓いする／お誓いいたす／お誓い申し上げる

例 必ず戻るとお約束いたします。

参考 「約束する」のかわりに、「誓う」なども使われる。

やくだつ【役立つ】

謙お役に立つ／お役に立たせていただく

例 ぜひ、お役に立ちとうございます。

参考「役立つ」は「使える」「有用である」の意。目上に使うとぞんざいな印象を与えるため、尊敬表現は使われない。

やしなう【養う】

尊 養われる

例 男手ひとつでお嬢様を養われたそうです。

謙 養わせていただく

例 英気を養わせていただきます。

参考 生活の面倒をみる意では、「養う」のかわりに「育てる」「養育する」なども使われる。

やすむ【休む】

尊 休まれる／お休みになる／お休みなさる

例 お疲れでしょうから、ゆっくりお休みになってください。

例 昨晩は何時にお休みになりましたか。

謙 お休みする／お休みいたす／休ませていただく

例 誠に勝手ながら、本日は休ませていただきます。

参考 活動を中止する意では、「休む」のかわりに「休憩する」「休息する」「欠席する」などが使われることもある。また、「休む」は「寝る」「眠る」の婉曲《えんきょく》表現として使われることも多い。

やせる【痩せる】

尊 痩せられる／お痩せになる

例 少しお痩せになったようですね。

参考「痩せる」の謙譲表現は使われない。

やとう【雇う】

尊 雇われる／お雇いになる／お雇いなさる

例 警備員をお雇いになってはいかがですか。

参考「雇う」を使った謙譲表現は、非常にぞんざいな印象になるため使われない。「採用させていただく」「働いていただく」など、違う表現に言い換えられるのがふつう。

やぶる【破る】

尊 **破られる／お破りになる／お破りなさる**

例 昔の写真をお破りになった。

謙 **破らせていただく**

例 借用書はこの場で破らせていただきます。

やめる【止める】

尊 **やめられる／おやめになる／おやめなさる**

例 いつごろ野球をおやめになったのですか。

謙 **やめさせていただく**

例 本日の外出はやめさせていただきます。

NG **目上に「おやめなさい」は使わない。**

× 課長、おやめなさい。

○ 課長、おやめになったほうがよろしいですよ。

やめる【辞める】

尊 **辞められる／お辞めになる／お辞めなさる／退職される／退職なさる**

例 先月、教授の職をお辞めになったそうです。

謙 **辞めさせていただく／退職させていただく**

例 今年度いっぱいで辞めさせていただきます。

参考 「辞める」のかわりに、「退職する」「辞職する」なども使われる。

やる①〈与える〉

尊 **おやりになる／おやりなさる／与えられる／お与えになる／お与えなさる**

例 会長は、毎日花に水をおやりになる。

例 姪御《めいご》さんに百科事典をお与えになった。

謙 **上げる／差し上げる**

例 お嬢さんに絵本を上げましょう。

無料でパンフレットを差し上げております。

参考 「やる」のかわりに、「与える」が使われることもある。謙譲語「上げる」は敬意が軽く、目上には使えない。

やる②〈する〉

尊 おやりになる／される／なさる

例 すべてご自分でなさるそうです。

謙 いたす／させていただく

例 本日、司会をさせていただきます森野と申します。

参考 「やる」のかわりに、「する」が使われることも多い。

やる③〈〜する（〜してやる）〉

尊 〜しておやりになる

例 お孫さんに本を読んでおやりになった。

謙 〜して上げる／〜して差し上げる

例 紹介状を書いてあげます。

例 ご自宅まで送って差し上げます。

参考 謙譲表現「〜してあげる」は敬意が軽く、目上には使えない。

NG 身内に「〜してあげる」を使うのは誤り。

× 息子に料理を教えて上げてください。

○ 息子に料理を教えてやってください。

ゆ

ゆうじん【友人】

尊 畏友《いゆう》

例 我が畏友の死を悼《いた》む。

参考 「畏友」は、「尊敬している友人」の意。

ゆすぐ【濯ぐ】

尊 ゆすがれる

例 ハンカチをゆすがれる。

謙 ゆすがせていただく

例 口をゆすがせていただきました。

ゆずる【譲る】

尊 譲られる／お譲りになる／お譲りなさる

例 会社をどなたにお譲りになるおつもりですか。

謙 お譲りする／お譲りいたす／お譲り申し上げる／譲らせていただく

例欲しい方がいらっしゃれば、安くお譲りいたします。

命令・依頼 ～してほしい

尊 **譲ってください／お譲りください／譲ってくださいますか／お譲りくださいますか**

例この絵を譲ってくださいますか。

謙 **譲っていただけますか／お譲りいただけますか／お譲り願います／お譲り願えますか**

例おいくらでお譲りいただけますか。

不可能 ～できない

謙 **お譲りできません／お譲りしかねます／お譲りいたしかねます**

例祖父の形見なので、お譲りいたしかねます。

参考「譲っていただけますか」という場合、「安く売ってほしい」の意で使われることが多い。

ゆでる【茹でる】

尊 **ゆでられる**

例枝豆をゆでられる際には塩を入れてください。

謙 **ゆでさせていただく**

例お客様の目の前で、カニをゆでさせていただきます。

ゆるす【許す】

尊 **許される／お許しになる／お許しなさる**

例そろそろご子息をお許しになってはいかがですか。

参考目上に人に「許す」というとぞんざいに聞こえるので、謙譲表現は使わないのがふつう。

ゆるすこと【許すこと】

尊 **お許し／ご海容《かいよう》／ご寛恕《かんじょ》／ご勘弁《かんべん》／ご容赦《ようしゃ》**

例どうかご海容くださいますようお願い申し上げます。

例失礼のほどご寛恕くださいませ。

例至らぬ点もございますが、どうかご容赦ください。

参考「海容」は、海のように広い心で人の過ちを許すこと。「寛恕」は、人をとがめずに広い心で許すこと。

ゆるめる【緩める】

尊 ゆるめられる

例 部屋に戻り、緊張をゆるめられた。

謙 ゆるめさせていただく

例 ネクタイを少しゆるめさせていただきます。

よ

よいこと【良いこと】

↓けっこう（↓85ページ）

よう【用】

尊 ご用／ご用事／ご用件／ご用向き

例 失礼ですが、どのようなご用件ですか。

例 ご用向きをお聞かせください。

よういする【用意する】

尊 用意される／用意なさる／ご用意になる／ご用意なさる

例 筆記用具をご用意なさってください。

謙 用意いたす／ご用意する／ご用意いたす／ご用意申し上げる／用意させていただく

例 3種類のソースをご用意いたしました。

参考 場合によっては、「用意する」のかわりに、「準備する」などが使われることもある。

ようこそ 他

人が訪ねてきたときの、挨拶のことば。

例 ようこそおいでくださいました。

参考 「よくぞ」の意。相手の訪問に対する喜びを表す。

ようしゃ【容赦】 尊

尊 **ご容赦**

例 すでにご入金いただいている場合は、ご容赦ください。

参考 「ご容赦」と同義のことばに、「ご海容《かいよう》」「ご寛恕《かんじょ》」「ご勘弁《かんべん》」などがある。

ようめい【用命】

尊 **ご用命／お申し付け**

例 ご用命の品をお届けに上がりました。

例 何でもお申し付けの通りにいたします。

よこぎる【横切る】

尊 **横切られる**

例 先生は大通りを横切られた。

謙 **横切らせていただく**

例 前を横切らせていただきます。

よせる【寄せる】

尊 **寄せられる／お寄せになる／お寄せなさる**

例 たくさんの方が意見をお寄せになりました。

謙 **お寄せする／お寄せいたす／お寄せ申し上げる／寄せさせていただく**

例 先生のお宅に身を寄せさせていただいております。

よびたて【呼び立て】

謙 **お呼び立て**

例 遠くまでお呼び立てして申しわけありません。

よぶ【呼ぶ】

尊 **呼ばれる／お呼びになる／お呼びなさる**

例 お客様、お呼びになりましたか。

謙お呼びする／お呼びいたす／お呼び申し上げる／呼ばせていただく

例番号でお呼びいたしますので、おかけになってお待ちください。

よむ【読む】

尊読まれる／お読みになる／ご覧になる

例教授の論文をお読みになりましたか。

謙お読みする／お読みいたす／読ませていただく／拝読する／拝読いたす／拝見する／拝見いたす

例頂戴した祝電をいくつか拝読いたします。

例お名前は何とお読みすればよろしいですか。

参考「ご覧になる」と「拝見する」「拝見いたす」は、それぞれ「見る」の尊敬語と謙譲語だが、状況によっては「読む」意味でも使われる。「拝読する」「拝読いたす」は、手紙や祝電を読む場合に使われることが多い。

Point「読みました」でOKの場合もある

例「今朝の新聞、ご覧になりましたか」

「ええ、読みました」

この場合は、「お読みしました」「拝読しました」と答えるのは誤り。相手の書いた文章なら謙譲表現を用いるが、それ以外には基本的に謙譲表現は用いない。

よりかかる【寄り掛かる】

尊寄りかかられる

例柱に寄りかかられる。

謙寄りかからせていただく

例皆様に寄りかからせていただいてここまで来ました。

よる【寄る】

尊寄られる／お寄りになる／お寄りなさる

例先生が先ほどこちらへお寄りになりました。

謙お寄りする／お寄りいたす／お寄り申し上げる／寄らせて

いただく
例 会社の帰りに寄らせていただきます。
参考「寄る」のかわりに、「立ち寄る」が使われることもある。

よろこぶ【喜ぶ】
尊 **喜ばれる／お喜びになる／お喜びなさる**
例 知らせを聞いて、たいそうお喜びになりました。
謙 **お喜びいたす／お喜び申し上げる**
例 ご結婚をお喜び申し上げます。

よわめる【弱める】
尊 **弱められる／弱くされる／弱くなさる**
例 昨年より体力を弱められたようです。
謙 **弱めさせていただく／弱くいたす／弱くさせていただく**
例 冷房を弱めさせていただいてもよろしいですか。
参考「弱める」は、「弱くする」に言い換えられることも多い。

ら

-ら【等】 謙
自分や自分の側を表すことばについて、複数であることを示すとともに、謙譲の意を表す。
例 私らのような職人には、厳しい時代になりました。
参考「君ら」「あいつら」など、親愛または軽蔑《けいべつ》の気持ちを込めて使われることもある。また、「子どもら」のように、単に複数を表す場合もある。

らいが【来駕】 尊
（多く「ご来駕」の形で）「来ること」の尊敬語。
例 ご来駕のほどお願い申し上げます。
参考 敬意は非常に高い。

らいめい【雷名】 尊
（多く「ご雷名」の形で）「名声」の尊敬語。
例 ご雷名はかねがね伺っております。

参考「雷のようにとどろきわたる名声」の意。

らいりん【来臨】尊

（多く「ご来臨」の形で）「来ること」の尊敬語。

例 ご来臨を賜り光栄に存じます。

参考 敬意は非常に高い。

らくたん【落胆】

尊 **お力落とし**

例 さぞやお力落としのことと存じます。

参考「お力落とし」は、多く、おくやみを述べるときに使われる。

られる 尊

動詞について、敬意を表す。

例 先生は海外でお正月を迎えられるそうです。

参考 助動詞「れる」とともに、尊敬の意をもつ。敬意は比較的軽い。「れる」は五段活用動詞とサ行変格活用動詞、「られる」はそれ以外の動詞につく。受け身や可能と同じ形になるため、意味をとり違える可能性のある場合は、付け足し型の尊敬表現「お（ご）～になる」「お（ご）～なさる」などを使うほうがよい。

りかいする【理解する】

尊 理解される／理解なさる／ご理解になる／ご理解なさる

例 皆様の理解されている通りです。

謙 理解いたす／理解させていただく

例 ご提案の趣旨を理解いたしました。

参考 自分の説明がわかったかどうかを目上の人に確認する場合など、直接「わかる」を使って「おわかりになりましたか」と言うと尊大な印象を与えることもあるため、「理解する」を使って「ご理解いただけましたか」などと言うほうがよい。

命令・依頼 ～してほしい

尊 理解してください／ご理解ください／理解してくださいますか／ご理解くださいますか

例 当人の心情をご理解くださいますか。

謙 理解していただけますか／ご理解いただけますか／ご理解願います／ご理解願えますか

例 当社の諸事情をご理解いただけますか。

NG 目上には「わかる」よりも「理解する」を使う。

× 部長、おわかりになりましたか。

○ 部長、ご理解くださいましたか。

りゅうせい【隆盛】

尊 ご隆盛

例 貴社ますますご隆盛のこととお慶び申し上げます。

参考 「ご発展」「ご繁栄」「ご隆昌《りゅうしょう》」などもほぼ同義で使われることば。

りょうくん【両君】 尊

同輩または目下のふたりの男性に対して、軽い敬意を表すことば。

例 当日は、鈴木、田中両君が出席します。

りょうしょうする【了承する】

尊 了承される／了承なさる／ご了承になる／ご了承なさる

例 先方は了承なさいましたか。

謙 了承いたす

例 先日の件、了承いたしました。

りようする【利用する】

尊 **利用される／利用なさる／ご利用になる／ご利用なさる**

例 更衣室をご利用になりますか。

謙 **利用いたす／利用させていただく**

例 通勤には、駅の近くの駐輪場を利用いたしております。

参考「またのご利用をお待ち申し上げております」のように、「ご利用」だけでも使われる。

命令・依頼 ～してほしい

尊 **利用してください／ご利用ください／利用してくださいますか／ご利用くださいますか**

例 夜間窓口をご利用ください。

謙 **利用していただけますか／ご利用いただけますか／ご利用願います／ご利用願えますか**

例 あとの方のために、清潔にご利用願います。

不可能 ～できない

尊 **ご利用になれません**

例 この時間帯は、座席をご利用になれません。

禁止 ～しないでくれ

尊 **ご利用にならないでください／ご利用になりませんよう／ご利用くださいませんよう**

例 ランプが点灯しているときは、ご利用にならないでください。

NG **「ご利用できない」を相手に使うのは誤り。**

相手の行為に謙譲表現「ご～できない」の形をあてはめて使うのは誤り。

× クレジットカードはご利用できません。

○ クレジットカードはご利用になれません。

りょうり【料理】

謙 **(お)口汚し／(お)口ふさぎ**

例 ほんのお口汚しですが、どうぞお召し上がりください。

参考「(お)口汚し」「(お)口ふさぎ」とも、自分が相手のために用意した料理をへりくだっていう語。

る

るす【留守】

尊 お留守／ご不在

例 昨日からお留守にしていらっしゃるようです。

参考 自分の側についていう場合は単に「留守」、会社などで不在であることをいう場合は「外出中」や「席を外す」などが使われる。

れ

れいー【令】 尊

親族を表す語について、相手への尊敬を表す。

例 令兄。令姉《れいし》。令嗣《れいし》。令室。令嬢。令息。令孫。令弟。令夫人。令妹。

参考 「令」は、「よい」の意。

れいじょう【令嬢】 尊

（多く「ご令嬢」の形で）他人の娘をうやまっていう語。

例 社長のご令嬢もパーティーにお招きしましょう。

れいそく【令息】 尊

（多く「ご令息」の形で）他人の息子をうやまっていう語。

例 部長のご令息はいまおいくつですか。

れる 尊

動詞について、敬意を表す。

例 いつ北海道へ行かれたのですか。

参考 助動詞「られる」とともに、尊敬の意をもつ。敬意は比較的軽い。「れる」は五段活用動詞とサ行変格活用動詞、「られる」はそれ以外の動詞につく。受け身や可能と同じ形になるため、意味をとり違える可能性のある場合は、付け足し型の尊敬表現「お（ご）～になる」「お（ご）～なさる」などを使うほうがよい。

れんらくする【連絡する】

尊 連絡される／連絡なさる／ご連絡になる／ご連絡なさる

例 ご自宅に直接連絡なさってみてください。

謙 連絡いたす／ご連絡する／ご連絡いたす／ご連絡申し上げる／連絡させていただく

例 こちらからご連絡いたします。

ろ

ろうー【陋】 謙

自分の持ち物や行為について、謙譲を表す。

例 陋屋《ろうおく》。陋見。陋居。陋宅。

参考「陋」は、「せまくてそまつ」の意。

ろうじん【老人】

尊 翁《おう》／ご老体

例 翁の築き上げられた世界。

謙 愚老

参考 尊敬語の「翁」は、「福沢翁」「芭蕉翁」のように、老年の男性の名前に付けて、尊敬を表す場合もある。謙譲語の「愚老」は、老人が自分をへりくだっていう語。

ろん【論】

尊（ご）高論

謙 拙論《せつろん》

例 拙論をお読みいただき、ありがとうございます。

参考 そのほか、考え・意見の敬語については「意見」（↓14ページ）を参照。

ろんじる【論じる】

尊 **論じられる**

例 さまざまな問題について論じられた。

謙 **論じさせていただく**

例 本日は、基本的人権について論じさせていただきます。

わ

わかす【沸かす】

尊 **沸かされる／お沸かしになる／お沸かしなさる**

例 お湯をお沸かしになる。

謙 **お沸かしする／お沸かしいたす／お沸かし申し上げる／沸かさせていただく**

例 お風呂をお沸かしいたしました。

わかる【分かる】

尊 **おわかりになる／理解される／（ご）理解なさる／承知される／（ご）承知なさる**

例 何度もご説明したのでおわかりになっているはずです。

謙 **理解いたす／かしこまる／承知いたす／承《うけたまわ》る**

例 金銭的に難しいことは、承知いたしております。

参考 「わかる」のかわりに、「承知する」「了承する」「了解する」なども使われる。

目上の人に「おわかりになりましたか」と聞くと尊大な印象を与えることもあるため、「ご理解いただけましたか」などと聞くようにする。

依頼や要求をつつしんで受ける意の「かしこまりました」は、ビジネスシーンで多用される。

Point 「かしこまりました」で受け止める

何かを頼まれたとき、「わかりました」ではなく「かしこまりました」「承知いたしました」と言えると、より丁寧な印象に。

例「パリ行きの飛行機の空席状況を知りたいのですが」「かしこまりました。お調べいたします」

わかれる【別れる】

尊 別れられる／お別れになる／お別れなさる

例 ご友人と何時ぐらいにお別れになりましたか。

謙 お別れする／お別れいたす／お別れ申し上げる／別れさせていただく

例 先生とは東京駅でお別れいたしました。

わける【分ける】

尊 分けられる／お分けになる／お分けなさる

例 ケーキを3つにお分けになった。

謙 お分けする／お分けいたす／分けさせていただく

例 いくつかの袋にお分けいたします。

「分ける」のかわりに、「分割する」「分配する」などが使われることもある。

わすれる【忘れる】

尊 忘れられる／お忘れになる／お忘れなさる

例 傘をお忘れにならないよう、ご注意ください。

謙 忘れさせていただく／失念いたす

例 お名前を失念いたしまして、申しわけありません。

参考「失念」は、うっかり忘れること。

わたくし【私】他

おおやけの場で自分をさすときの、改まった言い方。

例 その件は、私が担当させていただきます。

参考「わたし」よりも丁寧な表現。男女ともに、もっとも一般的に使われる。

わたくしども【私共】謙

自分の会社や店などをへりくだっていう語。

例 あいにくですが、私どもでは取り扱っておりません。

参考 複数的にも単数的にも使われる。「手前ども」もほぼ同義で使われることば。

わたす【渡す】

尊 **渡される／お渡しになる／お渡しなさる**

例 お客様、受付の者にチケットをお渡しになりましたか。

謙 **お渡しする／お渡しいたす／お渡し申し上げる／渡させていただく**

例 加藤君、お客様に鍵をお渡ししましたか。

命令・依頼 ～してほしい

尊 **渡してください／お渡しください／渡してくださいませんか／お渡しくださいませんか**

例 課長、部長にも契約書のコピーをお渡しくださいますか。

謙 **渡していただけますか／お渡しいただけますか／お渡し願えますか**

例 恐縮ですが、資料を担当者にお渡しいただけますか。

わびる【詫びる】

尊 **詫びられる／お詫びなさる**

例 先方にお詫びなさいましたか。

謙 **お詫びする／お詫びいたす／お詫び申し上げる**

例 ご迷惑をおかけいたしましたこと、深くお詫び申し上げます。

参考 ほぼ同義の「謝る」よりも、「詫びる」のほうが多く使われる。

わらう【笑う】

尊 **笑われる／お笑いになる／お笑いなさる**

㊡社長も楽しそうに笑われていましたね。

謙 **笑わせていただく**

㊡私も腹の底から笑わせていただきました。

わる【割る】

尊 **割られる／お割りになる／お割りなさる**

㊡お客様がうっかりワイングラスを割られた。

謙 **お割りする／お割りいたす／お割り申し上げる／割らせていただく**

㊡ウイスキーを水でお割りします。

やさしいおとなの敬語言い換え辞典

2025年4月29日　第1刷発行

発行人　　川畑　勝
編集人　　志村　俊幸
企画編集　鈴木　かおり

発行所　株式会社Gakken
〒141-8416　東京都品川区西五反田 2-11-8
印刷所　株式会社 広済堂ネクスト
製本所　株式会社 難波製本

●この本に関する各種お問い合わせ先
本の内容については、下記サイトのお問い合わせフォームよりお願いします。
https://www.corp-gakken.co.jp/contact/
在庫については　Tel 03-6431-1199（販売部）
不良品（落丁、乱丁）については　Tel 0570-000577
学研業務センター　〒354-0045 埼玉県入間郡三芳町上富279-1
上記以外のお問い合わせは　Tel 0570-056-710（学研グループ総合案内）